AF205144

Jürgen Ertel

Aktiver Freund sein

*Handbuch für
den Kooperationsvertrieb
bei Banken und Versicherungen*

Herstellung und Verlag:
BoD – Books on Demand, Norderstedt

Bibliografische Information der Deutschen
Nationalbibliothek

Die Deutsche Nationalbibliothek verzeichnet diese
Publikation in der Deutschen Nationalbibliografie;
detaillierte bibliografische Daten sind im Internet über
http://dnb.d-nb.de abrufbar.

ISBN: 978-3-7481-7094-5

Inhaltsverzeichnis

Vorwort

Dieses kleine Büchlein ist eine Praxis-Anleitung für Coaches, aber auch für Führungskräfte, die in Kooperationsvertrieben tätig sind.

Ich habe dabei versucht wirkliche praktische Inhalte meiner langjährigen Tätigkeit niederzuschreiben und zu zeigen, wie ich es geschafft habe, bei verschiedensten Kooperationspartnern erfolgreich die Produkte meiner jeweiligen Arbeitgeber zu vertreiben.

Ursprünglich war dieses Handbuch als roter Faden für neue Mitarbeiter gedacht und wurde von mir bei der Einstellung ausgehändigt.

Ich habe mich dabei immer bemüht bei allen Themen auf den Punkt zu kommen und nicht unendlich auszuschweifen.

Vertriebsunterstützung von Kooperationspartnern ist in den letzten Jahrzehnten immer weiter ausgereift und zu dem Erfolgsfaktor für eine fruchtbare Zusammenarbeit geworden.

Auch auf der Seite der Kooperationspartner wurden Erträge aus Provisionseinnahmen immer wichtiger und tragen inzwischen einen Großteil zum Gewinn bei.

Da verwundert es kaum, dass auch immer mehr Produktgeber versuchen, nicht nur über den eigenen Stammvertrieb die eigenen Produkte zu verkaufen, sondern auch die Zusammenarbeit mit Kooperationspartnern anstreben.

Ich möchte Ihnen auf den nächsten Seiten Anregungen und Inspiration für Ihre tägliche Arbeit geben und würde mich freuen, wenn Sie vielleicht sogar die eine oder andere Vorgehensweise so gut finden, dass Sie diese auch direkt umsetzen.

Alles was Sie in diesem Buch lesen ist aus der Praxis und für die Praxis.

Nichts davon existiert nur in der Theorie. Ausnahmslos alles wurde bereits zig-fach in echten Kooperationsvertrieben umgesetzt.

Ich wünsche Ihnen viel Spaß bei der Lektüre, viele Aha-Erlebnisse und vor allem vertrieblich gesehen allzeit fette Beute!

Herzlichst

Ihr

Jürgen Ertel

Notwendigkeit einer Vertriebsunterstützung

Konnten Sie solch eine Situation auch schon einmal beobachten:

Ein Bankberater blüht regelrecht auf, als er einem Kunden die Vorteile eines Fonds-Sparplans erklärt. Man merkt ihm an, dass er voll und ganz in seiner Materie ist und auf jede Rückfrage gewappnet ist. Das Gespräch verläuft gut, bis zu dem Zeitpunkt als der Kunde eine Frage zu den Bedingungen seiner Berufsunfähigkeitsversicherung stellt.

Der Berater sucht nicht nur die richtigen Worte, sondern versucht auch krampfhaft die notwendigen Informationen im Intranet zu finden.
Als der Kunde jetzt noch erwähnt, dass er eine Überprüfung seines Versicherungsschutzes benötigt, gibt der Berater auf und verweist auf einen Folgetermin, zu dem er einen Spezialisten dazu holen will.

Dieses Beispiel zeigt eine typische Situation, bei der unser Kundenberater an seine Grenzen kommt.

Eine Unterstützung des Vertriebes macht in unterschiedlich intensiven Varianten Sinn. Je nachdem, um welche Verkäufer und um welche Art von Vertrieb es sich handelt.

Aus dem Blickwinkel der Vertriebsunterstützung unterscheide ich in folgende Vertriebskontakte:

1.) Selbständige Handelsvertreter mit einem Produktschwerpunkt (z.b. Vertreter für Krankenversicherungen)
2.) Selbständige Handelsvertreter mit einem Allfinanz Vertriebsansatz
3.) Angestellte Vertriebsmitarbeiter (z.B. Kundenbetreuer in einer Bankfiliale)

Auch innerhalb dieser Gruppen sollten die Mitarbeiter nach dem jeweiligen Können und der Aufgeschlossenheit gegenüber den Produkten des Kooperationspartners geclustert werden. Doch dazu später mehr.

Der Unterschied dieser Gruppen liegt in der Tiefe der Beratung, der Interessenschwerpunkte und beruflichen Erfahrung des Mitarbeiters.

Außerdem spielt es eine sehr wichtige Rolle, inwieweit das Einkommen des Beraters vom Produktverkauf abhängt.

Eine Vertriebsunterstützung muss individuell auf den Kooperationspartner zugeschnitten sein.
Es muss sowohl eine fachliche, als auch eine verkäuferische Betreuung stattfinden.
Dabei ist die auf den Vertriebspartner abgestimmte Vorgehensweise essentiell wichtig für die Akzeptanz.

Der Vertriebsunterstützer geht idealerweise dabei voll in der Unternehmenskultur des Partners auf und bringt dabei trotzdem eine unverkennbare eigene Note mit ein.

Die Vorgehensweise in den 3 Gruppen ist vom Prinzip her ähnlich und unterscheidet sich eigentlich nur durch die Struktur und die Verkaufskultur des Kooperationspartners.

Warum braucht der Kooperationspartner eine Vertriebsunterstützung?

Eine Antwort auf diese Frage, sachlich, aber auch emotional ist wichtig und von grundsätzlicher Natur – schließlich muss der Vertrieb des Kooperationspartners davon überzeugt sein, einen Mehrwert durch die Betreuung zu haben.

Die Argumente kann man auf ein Wesentliches reduzieren, denn dieses ist der einzige echte Grund, der für das Management beider Unternehmen zählt:

Es wird mehr Ertrag erwirtschaftet als ohne die Vertriebsunterstützung.

Alle anderen Argumente bauen auf diesem einen Vorteil, der über allem steht auf.

Sicher gibt es in der Finanzdienstleistung Produkte, die ohne die Hilfe von Spezialisten nicht verkauft werden können. Aber auch in diesem Fall ist zu 99%

der Ertrag durch den Verkauf der auslösende Motivator.

Das 1%, welches sich auf Produkte bezieht, die u.U. aufgrund von Beraterhaftung o.ä. Gründen angeboten werden müssen, will ich in diesem Buch außer Acht lassen.

Oft wird bei aller Betriebsamkeit und Strategieausarbeitung die Notwendigkeit und Wichtigkeit dieses einen, über allem stehenden Grundes einer Zusammenarbeit von zwei Unternehmen in den Hintergrund gedrängt.

Es muss für beide Seiten ein lohnendes Geschäft sein.
Punkt.

Erst im zweiten Schritt kann dann die Planung für

- die fachliche Unterstützung
- die verkäuferische Unterstützung
- die motivatorische Unterstützung

erfolgen.

Natürlich ist erfolgreiches Kooperationsgeschäft auch geprägt durch gegenseitige Sympathie.
„Herzen gewinnen", „aktiver Freund sein" etc. sind nur einige der Slogans, mit denen Vertriebsunterstützer die richtige Einstellung demonstrieren.

Ziel: Eine erfolgreiche Kooperation

Zu einer erfolgreichen geschäftlichen Kooperation
gehören immer zwei Seiten.

Ähnlich wie bei einem Verkaufsgespräch muss aber
auch hier in der Praxis derjenige oft "aktiver" sein, der
auch etwas verkaufen will - oder in unserem Fall
möchte, dass ein anderer etwas für ihn verkauft.

1.1 Die fachliche Unterstützung

Ein Finanzberater , egal ob in einer Bankfiliale oder als freier Handelsvertreter mit einer Agentur muss heute ein regelrechter Alleskönner sein.

Der Kunde soll „alles aus einer Hand" bekommen. Zum Einen, um der Beraterhaftung genüge zu tun, zum Anderen aber natürlich auch, um den Kunden gegen die Konkurrenz abzuschotten.

Schließlich gilt es auch die Provisionseinnahmen zu maximieren.
Die Zeiten, als die Banken nur vom Geldverleihen lebten sind schon lange vorbei.

So kann in einer kompletten Beratung schon einiges zusammen kommen:
Lebensversicherung, Darlehen, Haftpflichtversicherung, Unfallversicherung, Altersvorsorge, Baufinanzierung, Bausparen, Kfz-Versicherung, Fondsanlage, etc.

Es ist für den Berater fast unmöglich, alle Produktdetails zu kennen.
Hier ist es wie bei allen Dingen im Leben, die Produkte, die er häufiger verkauft, wird er im Detail besser kennen, als Produkte die er selten verkauft.

Aus meiner eigenen Erfahrung kann ich sagen, das eine der größten Hemmschwellen, warum ein Verkäufer ein Produkt nicht verkauft, die Unsicherheit ist.

Die meisten Verkäufer wollen sich vor dem Kunden nicht die Blöße geben, etwa nicht zu wissen, wie die Beratungssoftware funktioniert.

Mit Hinblick auf die o.g. breit gefächerten Wissensanforderungen der Berater, gilt auch in der fachlichen Schulung das Motto: „Simplifizieren"

Je einfacher – desto besser.

Die große Kunst im Kooperationsgeschäft ist es wichtige Schulungselemente auf das Wesentliche zu reduzieren und Kompliziertes einfach darzustellen.

Fachliche Unterstützung sollte immer klar strukturiert und vom Unternehmen definiert sein.

Ich vergleiche eine Vertriebsunterstützung immer gerne mit Mc Donalds:
Egal, wo Sie auf der Welt einen Big Mäc kaufen, er hat überall die gleiche Qualität. Es gibt genug Möglichkeiten einen besser schmeckenden Burger zu kaufen oder sogar selbst zu machen. Trotzdem wird der Mc Donalds Burger weltweit mit großem Erfolg verkauft.

Dieses Unternehmen hat es geschafft, durch Standards eine immer gleiche Qualität zu produzieren – egal wo auf der Welt.

Würde sich Mc Donald´s auf die Fähigkeiten seiner Burger Köche vor Ort verlassen, wäre dies nie möglich und vor allem gäbe es mal einen guten und mal einen schlechten Burger, der Besuch als Kunde wäre fast wie ein Glücksspiel.
Eine Expansion über den eigenen Aufsichtsbereich hinaus wäre nie möglich gewesen.

Fachliches Know How ist Pflicht für den Vertriebsunterstützer, da er ja schließlich Spezialist auf seinem Gebiet ist. Fachwissen alleine reicht jedoch nicht.

Das Wissen muss auch „Empfängerfreundlich" weitergegeben werden können.

1.2. **Die verkäuferische Unterstützung**

Ein nicht zu unterschätzender Erfolgsfaktor sind die neuen Impulse, die ein guter Vertriebsunterstützer in den Vertrieb bringen kann.

Es ist unabdingbar, dass er entsprechende verkäuferische Erfahrung in Bezug auf das Produkt, für das er verantwortlich ist mitbringt. Er muss wissen, wovon er spricht und die Verkäufer müssen das auch spüren.

Gute Coaches müssen nicht die absoluten Top-Verkäufer sein, es ist aber auch nicht von Nachteil. Ähnlich wie beim Fußball gibt es auch in der Finanzbranche „Trainer", die u.U. als Verkäufer nicht in der 1.Liga gespielt haben, deren Stärken dafür aber im Vermitteln der notwendigen Eigenschaften liegen.

Nur ganz ohne geht es nicht. Ein schlechter Verkäufer wird auch nie ein guter Vertriebsunterstützer sein.

Verkäuferisch Unterstützen bedeutet dem Berater aufzuzeigen:

- wie er das Produkt in seinen Sales Flow einbauen kann
- wie einfach es ist. Auch hier „Simplifizieren", Angst vor Details nehmen

17

- wie Potentiale selektiert und angesprochen werden können

Hier gilt wie bei allem „Hilfe zur Selbsthilfe" zu geben. Ziel des Coachings ist es, den Berater zu befähigen, auch ohne den Vertriebsunterstützer die Produkte des Kooperationspartners verkaufen zu können.

Nur so kann eine lukrative Multiplikation des Vertriebsergebnisses herbeigeführt werden.

Sicher gibt es Produkte, bei denen ein Spezialist dabei sein muss, um den Generalist zu unterstützen. In allen anderen Fällen muss eine Terminbegleitung immer so konzipiert sein, dass der Verkäufer befähigt wird, solche Gespräche zukünftig auch alleine führen zu können.

Viele gute Verkäufer erleben puren Stress, wenn sie plötzlich einen Beobachter neben sich sitzen haben.

Dies muss der Unterstützer sowohl im Vorgespräch, als auch beim Feedback-Gespräch beachten. Dafür geeignete Tools und Regeln finden Sie auch im Praxisteil dieses Buches.

Auch dem Vertriebsunterstützer muss klar sein, dass er unter ständiger Beobachtung steht.

Es ist natürlich unbedingt notwendig, dass der Unterstützer seine Verkaufsansätze „im Schlaf" beherrscht. Nur dann kann er sie auch mit der entsprechenden Gelassenheit und Souveränität auch unter Beobachtung einsetzen.

Diese Fähigkeit – *ich nenne es auch* **Qualitätsgarantie** - sicherzustellen ist u.a. eine Kernaufgabe der Führungskraft der Vertriebsunterstützer.

Außerdem ist nichts ist schlimmer als Dinge zu schulen, die der Coach selbst im Gespräch nicht umsetzt.
Dann kann er es auch gleich lassen.

1.3. Die motivatorische Unterstützung

Ohne Motivation keine Veränderung.
Der Unterstützer repräsentiert den Produktgeber vor
Ort bei den Verkäufern. Er gibt oft den Ausschlag
über Sympathie oder Antipathie.

Je weniger Stellenwert das Produkt in der
Produktpalette des Verkäufers hat, desto wichtiger
wird der Faktor Motivation der Verkäufer in der
Vertriebsunterstützung.

Umgekehrt bedeutet dies natürlich auch, je höher der Stellenwert des Produktes in der Vertriebsorganisation bereits von Haus aus hat, desto weniger Motivationsaufwand muss betrieben werden.

In der Regel hat der Unterstützer keine disziplinarischen Möglichkeiten auf die Verkäufer einzuwirken.

Die Zusammenarbeit hat oft beratenden Charakter. Obgleich natürlich durch die Vertriebsorganisation mehr oder weniger durch Zielvorgaben ein gewisser Druck aufgebaut werden kann.

Auch hier gilt wieder die Faustformel, je wichtiger das Produkt in der Planung der Vertriebsorganisation ist, desto größer ist auch die Unterstützung durch deren Führungskräfte und Zielgewichtung.

Motivation der Verkäufer kann erreicht werden durch:

- monetäre Anreize
- Lob und Anerkennung
- erfolgreiche Schlüsselerlebnisse
- persönliche Bindung
- verlässliche Unterstützung
- Dankbarkeit

Hier sollen an dieser Stelle nur die wichtigsten Auslöser ohne Anspruch auf Vollständigkeit genannt sein.

Relativ einfach sind die monetären Anreize zu erklären. Provisionen, „ aber auch Gutscheine oder Sachpreise sind hier oft genutzte Möglichkeiten. Prinzipiell kann man vereinfacht sagen, ein höheres Einkommen motiviert.

Lob und Anerkennung ist da schon etwas umfangreicher , ist aber ein mächtiges Mittel, Menschen anzuspornen.

Gelobt zu werden und Anerkennung für erbrachte Leistungen zu erhalten ist für jeden Menschen ein Grundbedürfnis.

Die Bandbreite geht dabei von einem aufbauenden Gespräch bis zur Preisverleihung vor der gesamten Vertriebsmannschaft.
Mehr zum Thema „richtig loben" finden Sie im Praxisteil des Buches.

Erfolgreiche Schlüsselerlebnisse können sich auf Kundensituationen wie z.B. einen erfolgreichen Abschluss nach einer neuen Methode, aber auch auf positive Erlebnisse mit dem Vertriebsunterstützer beziehen.

Oftmals reicht schon ein „Aha-Erlebnis" bei einer mitreißenden Vertriebsschulung.
Mit persönlicher Bindung ist hier die emotionale Beziehung zum Vertriebsunterstützer gemeint, welcher dem Verkäufer ein aktiver Freund sein sollte.

Ein echtes Interesse an dem Verkäufer nicht nur als Produktionsmaschine, sondern auch als Mensch ist dafür unerlässlich.

Ein erfolgreicher Vertriebsunterstützer benötigt dafür ein Mindestmaß an emotionaler Intelligenz, sonst kann er diese Aufgabe nicht meistern.

Durch eine verlässliche Unterstützung setzt der Vertriebsunterstützer die Grundlage für eine partnerschaftliche Zusammenarbeit und die Möglichkeiten der Motivation.

Standards wie z.B. umgehender Rückruf oder regelmäßige Besuche sind genauso wie rasche und lückenlose Fragenklärung gute Beispiele.

Motivationsauslöser kann auch das Bedürfnis des Verkäufers sein, dem Unterstützer seine Dankbarkeit für vorangegangene Leistungen zu zeigen.

Hier kann der Vertriebsunterstützer tief in uns verwurzelte Handlungsmechanismen für sich nutzen. Eine sehr einfache Form der Dankbarkeit und des damit verbundenen Gefühls einer Verpflichtung wird schon mit dem Überreichen eines Geschenks erzielt.

Übrigens ein Instrument, welches sehr erfolgreich auch z.B. von vielen Organisationen im Bereich des Spendensammelns eingesetzt wird.

So konnte z.B. die eine oder andere gemeinnützige Organisation Ihre Spendeneinnahmen um ein vielfaches Steigern, in dem sie unaufgefordert ein Weihnachtskarten-Set zur Weiterverwendung verschenkt hat, direkt verbunden mit der Bitte um eine Spende.

Oder wer kennt nicht den Getränkehersteller, der kostenlose Proben seiner Getränke vor die Haustür stellt und beim Abholen der leeren Flaschen natürlich nicht versäumt zu fragen ob es geschmeckt hat und man nicht noch etwas bestellen möchte.

Der Beschenkte kann sich nur sehr schwer gegen das Bedürfnis wehren, dieses imaginäre Geschenke-Konto wieder auszugleichen.

Dieses verhaltens-psychologische Phänomen nennt man auch „Rezipozitäts-Regel".

Das Prinzip des Vertriebscoaches

Eine sehr bewährte Form der Vertriebsunterstützung ist die Betreuung durch Vertriebscoaches.

Sozusagen eine Vor-Ort-Unterstützung im Gegensatz zu einer reinen „Hotline" Unterstützung durch eine zentrale Anlaufstelle.

Die Vertriebsorganisation kann hier entweder eigene Spezialisten einsetzen, oder der Produktgeber stellt entsprechendes Personal zur Verfügung.

Im Finanzvertrieb finden sich solche Konstellationen sehr häufig.
So erhalten Bankmitarbeiter z.B. zu dem Thema Versicherungen sehr häufig Unterstützung durch Mitarbeiter der Versicherungsgesellschaft.

Oder Versicherungsagenturen werden z.B. zum Thema Bausparen durch Spezialisten der Bausparkasse unterstützt.

Ob eigene oder externe Spezialisten eingesetzt werden, hängt von vielen Faktoren ab. Beides hat Vor- und Nachteile.

Gehören die Spezialisten zum eigenen Unternehmen, hat die Vertriebsorganisation direkten disziplinarischen Zugriff, muss aber auch die Kosten tragen sowie für die entsprechende aktuelle Weiterbildung des Personals sorgen.

U.U. in einem Produkt außerhalb der Kernkompetenzen. Dafür kann wiederum vom Produktgeber eine höhere Provision verlangt werden.

Werden die Spezialisten als „Service-Leistung" vom Produktgeber gestellt, ist eine Steuerung nur eingeschränkt z.B. über den Kooperationsvertrag möglich.

Dafür hat die Vertriebsorganisation keine Personalkosten und muss sich nicht um die ständige Weiterbildung der Vertriebscoaches kümmern. Die Kosten dafür übernimmt der Produktgeber.

Häufig werden diese Kosten dann in einer etwas niedrigeren Provision verrechnet.

Wie auch immer ist der Vertriebscoach ein Coach für den Vertrieb.

Er sollte idealerweise in einem regionalen Gebiet agieren, so dass er die Vertriebler vor Ort begleiten kann.

In den meisten Vertriebsorganisationen gibt es entsprechende regionale Führungsebenen, um die Außendienstler vor Ort zu führen. (z.B. Bezirksdirektion, Filialleiter etc.)

Meiner Meinung nach steht der Vertriebscoach – obgleich meistens ohne Führungsaufgabe – auf einer

Ebene mit diesen regionalen Führungskräften der Vertriebsorganisation.

Gleichzeitig unterstützt er diese bei der Erreichung ihrer Ziele.
Beide sollten sehr eng miteinander abgestimmt arbeiten.

In der Regel hat die regionale Führungskraft viele Ziele zu erfüllen – hier kann der Vertriebscoach zumindest in seiner Sparte für eine ungemeine Entlastung sorgen und die Führungskraft kann seine Kräfte auf andere Ziele bündeln.

Ob Filialbetreuung oder Betreuung von Außendienstpartnern. Das Prinzip ist immer das gleiche und unterscheidet sich nur in praktischen Details, nicht aber vom Grundprinzip.

1.1 Qualität durch Standards

Betreuungsstandards helfen dabei die Qualität der Betreuung zu gewährleisten.
Die Arbeit eines Vertriebscoaches kann man prinzipiell in 5 Phasen nach dem „A.K.T.I.V. – Modell" unterteilen.

Jede Phase sollte dabei mit Standards belegt sein, die auch gleichzeitig eine Mindestanforderung an den Vertriebscoach darstellen.

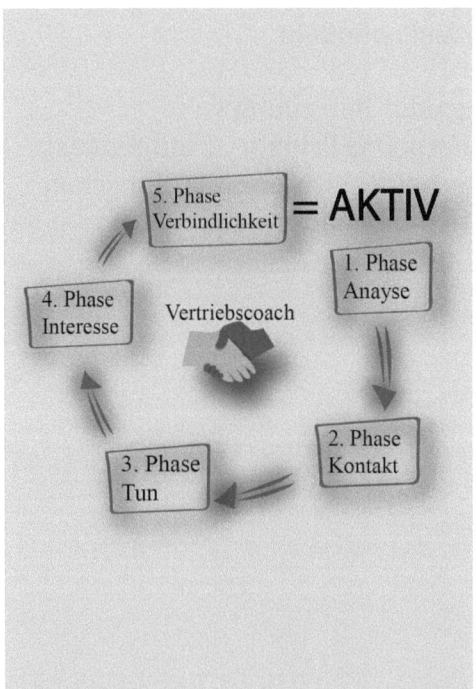

1.1.1 Phase 1 – die Analyse

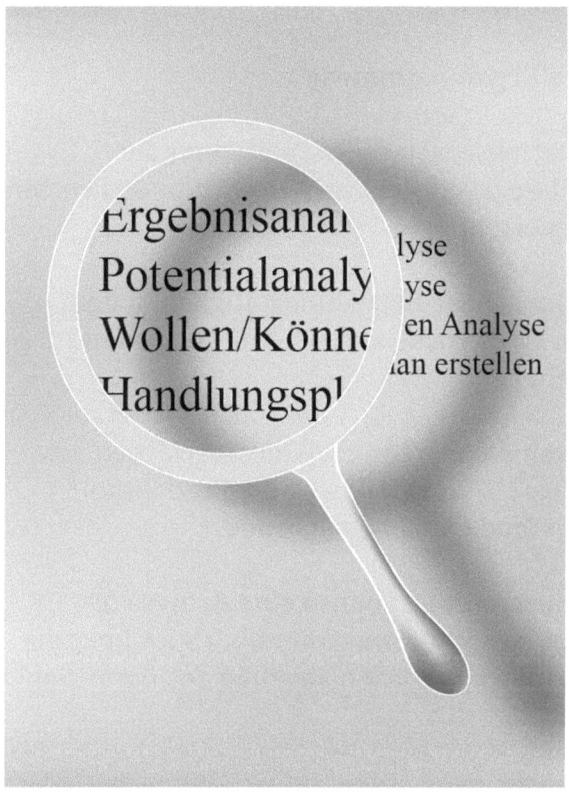

Die Analyse des zu betreuenden Bereiches dient dazu, eine strukturierte Vorgehensweise zu planen und die vertrieblichen Ressourcen effektiv einzusetzen.

Zur Auswertung und Vorbereitung bieten sich folgende Schritte an:

a) eine Ergebnisanalyse

Der Vertriebscoach sollte zuallererst die Ergebnisse des Kooperationspartners auswerten und bewerten.

Zu Beginn seiner Betreuungstätigkeit in dem Bereich ist es wichtig, den IST-Stand genau zu ermitteln.

Wo liegen die Stärken? Wo die Schwächen des Bereiches? Wie verteilt sich die Produktion? Welches sind die Leistungsträger?

Aufschlussreich ist ebenso eine Analyse der anderen Produkte, um einen Überblick über die grundsätzliche Vertriebsleistung des Bereiches zu erhalten.

Wie war die Produktion des Bereiches im vergangenen Jahr im Vergleich zu heute?

An dieser Stelle findet schon eine erste Clusterung statt.
Top-Produzenten, Durchschnittsproduzenten, Unter-Durchschnittsproduzenten und Verweigerer.

Ist der Vertriebscoach schon in dem Bereich tätig, ist dies also nicht seine erste Analyse, so gehören neben der Ergebniskontrolle vor allem in Bezug auf Entwicklung der einzelnen Vertriebseinheiten, auch Erfolgskontrollen der letzten Zielgespräche mit den Kooperationspartnern und ganz wichtig: der Abgleich der dort getroffenen Vereinbarungen.

b) eine Potenzialanalyse

Viele gute Vorsätze scheitern oft daran, dass gute Potenziale nicht erkannt werden.

Für den Vertriebscoach ist es sehr wichtig zu wissen, wo, wie und mit was das Geschäft generiert werden kann.

Potenziale können zum einen aus Marktgegebenheiten entstehen – dann ist es Aufgabe des Vertriebscoaches, seine Koopcrationspartncr hicr immcr auf dem neuesten Stand zu halten und die Chancen entsprechend aufzuzeigen.

Zum anderen können sich wertvolle Potenziale aus dem Kerngeschäft des Kooperationspartners ergeben – der Vertriebscoach muss aufzeigen, wie der Partner entsprechendes Cross-Selling Geschäft generieren kann.

Im Idealfall hat der Kooperationspartner bereits einen Bestand in der Kooperationssparte aufgebaut. Hier kann der Vertriebscoach aufzeigen, welche Potenziale das Bestandsgeschäft birgt.

c) die Wollen/Können Analyse

Eine wichtige Bestandsaufnahme, mit der die nächste Vorgehensweise nicht nur effektiv, sondern vor allem strukturiert und erfolgreich geplant werden kann.

Die Wollen/Können Analyse sollte auf Filialebene, als auch auf Verkäuferebene durchgeführt werden.

Ziel ist aktive Partner, lohnenswerte Coachees, aber auch Verweigerer herauszufiltern.

Zweckmäßig ist eine Aufteilung in 4 Gruppen.

In der „**Kann+will**" Gruppe sind die Top-Verkäufer.

In der Regel schreibt diese Gruppe den Löwenanteil des Geschäfts. Ziel ist es so viele Verkäufer wie möglich in diese Gruppe zu entwickeln.

Verkäufer, die der Vertriebscoach zu dieser Gruppe zählt, muss er hegen und pflegen.

Normalerweise muss er bei dieser Gruppe kaum noch bei Kundengesprächen unterstützen. Sowohl fachlich, als auch verkäuferisch sind diese Verkäufer schon sehr weit.

Gerade weil in dieser Gruppe nur noch wenig Coachingzeit investiert werden muss, besteht die Gefahr diese Gruppe zu vernachlässigen.
Dies muss sich der Vertriebscoach immer wieder in Erinnerung rufen.

Regelmäßige Kontaktpflege auch ohne konkreten Anlass lautet hier die Devise.

Die Gruppe „**kann nicht, aber will**" ist die Gruppe, die der Vertriebscoach herausfiltern muss, um seine eigentliche Coaching-Arbeit zu entfalten.

In dieser Gruppe sind Verkäufer, denen entweder das fachliche oder das verkäuferische Know-how fehlt, die aber signalisiert haben, dass sie offen sind und Interesse am Verkauf der gecoachten Produkte haben.

Ziel ist es, diese Verkäufer in die „kann+will" Gruppe zu entwickeln.

Das können z.B. junge bzw. neue Mitarbeiter sein, aber auch gestandene Verkäufer, die aus unterschiedlichsten Gründen ihren Erfolg auch auf den Verkauf der zu coachenden Produkte ausweiten wollen.

In der Gruppe **„kann, aber will nicht"** finden wir schließlich die Mitarbeiter, die aufgrund ihres Wissens und ihrer Fähigkeiten das Produkt verkaufen könnten, aber dies aus irgendeinem Grund nicht tun.

Das kann u.U. aufgrund eines negativen Vorfalls sein, oder auch aus eigenen Überzeugungen.

Der Vertriebscoach muss nun herausfinden, was der Grund für das Nicht-Verkaufen ist und entscheiden, ob eine Chance besteht daran etwas zu ändern.

Es passiert nicht selten, dass durch das Ausräumen eines „alten" Missverständnisses ein neuer Top-Produzent gewonnen wird.

Die Gruppe „**kann nicht + will nicht**" ist schließlich die Gruppe in der ein Coaching keinen Sinn macht.

Platt ausgedrückt finden sich darin die Verkäufer, die nicht in der Lage sind das zu coachende Produkt zu verkaufen, dies aber auch nicht ändern wollen oder können.

Es ist für den Vertriebscoach wichtig diese Personen zu erkennen und dort keine Zeit zu verschwenden. Diese Vertriebszeit ist besser in einer der drei anderen Gruppen investiert.

d) Handlungsplan erstellen

Aufbauend auf die Ergebnis- Potenzial- und Wollen/Können- Analyse kann der Vertriebscoach nun seinen eigenen Ziel- und Handlungsplan erstellen.

Dies ist natürlich wichtig bei der Übernahme eines neuen Gebietes, aber auch in einem laufenden Betreuungsprozess sollte der Vertriebscoach 2x im Jahr seinen Bereich entsprechend analysieren und darauf aufbauend seinen Handlungsplan aktualisieren.

1.1.2 Phase 2 – Kontakt

Bei der Kontaktaufnahme des Vertriebscoaches kann man zunächst einmal zwischen 2 verschiedenen Kontaktpersonen pauschal unterscheiden.

1.) die Führungskraft des betreuenden Unternehmens
2.) den Mitarbeiter im direkten Verkauf

Ein strukturierter Besuchsplan eines Vertriebscoaches sieht mehrere Bausteine vor:

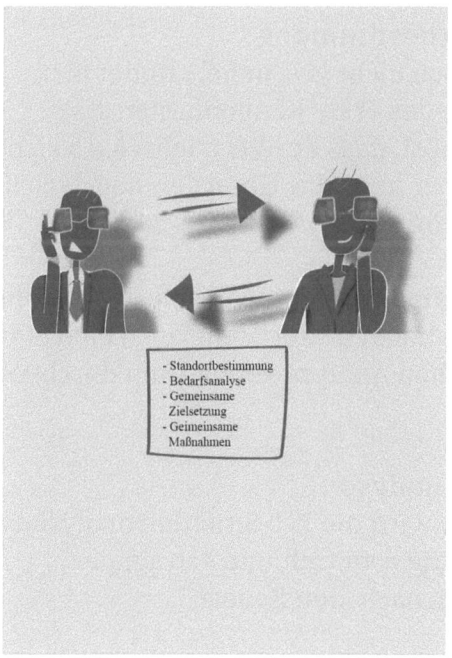

Auch wenn der Verkäufer das Geschäft schreibt, ist es wichtig ebenso regelmäßigen Kontakt zur Führungskraft zu haben.

Idealerweise findet der Kontakt zur Führungskraft einmal vor und einmal nach der Coachingtätigkeit statt.

Auch wenn nicht jedes mal ein physisches Gespräch stattfinden kann, sollte dann wenigstens per Mail oder Telefon ein Feedback stattfinden.

Der Kontakt sollte folgende Standards beinhalten:

- **Standortbestimmung**
  Wenn noch nicht geschehen, findet hier natürlich das erste Kennenlernen statt.
  Dazu gehört, dass der Vertriebscoach sich selbst, aber auch das Unternehmen, welches er vertritt vorstellt.

  Gegenseitige Erwartungen sollten formuliert werden und an dieser Stelle auch eine Stärken-/Schwächen Analyse gemeinsam durchgeführt werden.

- **Bedarfsanalyse**
  Zunächst wird die IST-Situation analysiert. Gleichzeitig ermittelt und erfragt der Vertriebscoach den Bedarf.

Wichtig ist dabei die eigene Einschätzung des Partners mit der eigenen Analyse des Vertriebscoaches abzugleichen.

- **Gemeinsame Zielsetzung festlegen**
Jetzt werden die Themen festgelegt, die priorisiert werden sollen.
Ganz nach dem Motto „Wer sein Ziel nicht kennt, kann es auch nicht erreichen", müssen jetzt konkrete Ziele festgelegt und Meilensteine für die Umsetzung festgelegt werden.

- **Gemeinsame Maßnahmen festlegen**
Je detaillierter, desto besser.
Vertriebscoach und Partner erstellen einen Maßnahmenplan mit Teilschritten.

  Wichtig für den Erfolg: Jetzt wird auch gemeinsam ein Umsetzungscontrolling vereinbart.

Ganz auf die Größe des Betreuungsgebietes abgestimmt, sollte der Vertriebscoach einen regelmäßigen Intervallrhythmus für solche Planungsgespräche festlegen.

Hier hat sich in der Praxis bewährt, die Intervalle mit einer Kontaktfrequenz-Checkliste zu standardisieren.

Nach dem Kontakt muss sich der Vertriebscoach folgende Fragen beantworten:

- Was ist mit wem besprochen worden?
- Was ist mit wem konkret vereinbart worden?
- Wer übernimmt das Controlling und wann?
- Welche Themen stehen wann an? (Wiedervorlage)
- Welches sind konkret die nächsten Schritte?

1.1.3. <u>Phase 3 – Tun</u>

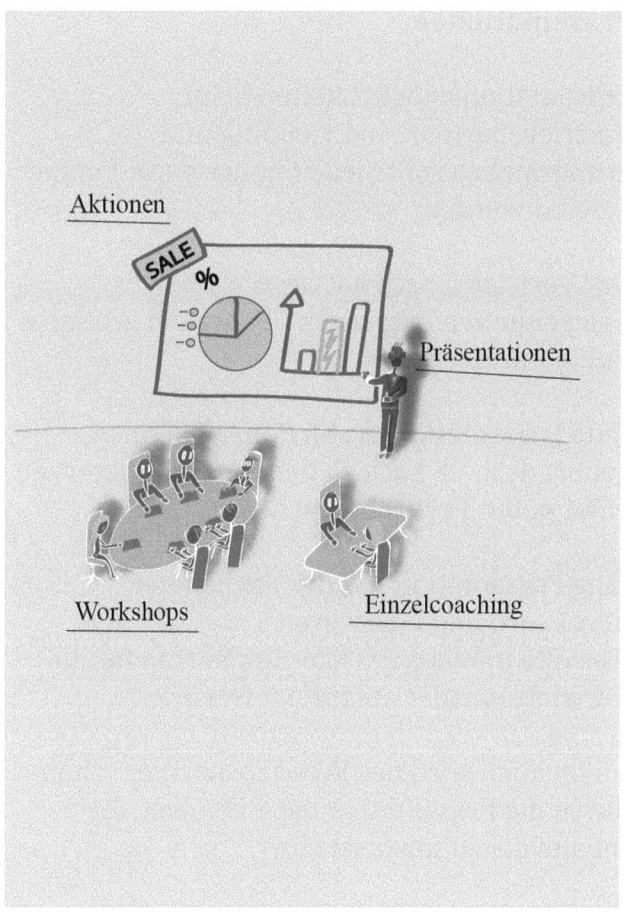

Jetzt kommt das „Machen" im eigentlichen Sinn.

Die vertriebliche bzw. Coaching-Tätigkeit kann man in
4 verschiedene Handlungsfelder unterteilen:

1. Präsentationen

Präsentationsmöglichkeiten beim
Vertriebspartner sind vielfältig und
grundsätzlich sollte jede Chance darauf immer
genutzt werden.

Der Vertriebscoach hat bei diesen
Gelegenheiten immer die Chance ein größeres
Publikum zu erreichen.

Gute Präsentationen abhalten zu können,
gehört deshalb auch zu den Kernkompetenzen
eines guten Vertriebscoaches.

Eine Präsentation soll die Teilnehmer
begeistern und motivieren.
Es sollte immer ganz klar der Nutzen für die
Vertriebspartner aufgezeigt werden.

Im Idealfall wird der Vertriebspartner schon
durch die Präsentation dazu befähigt, die
Inhalte direkt umzusetzen.

Prinzipiell ist die Präsentation dazu geeignet
fachliche, technische und vor allem auch
verkäuferische Inhalte zu transportieren.

Ideal um viele Vertriebspartner gleichzeitig zu
erreichen.

2. Workshop

Ein Workshop geht tiefer in die Materie als nur eine reine Präsentation.
Deswegen sollte hier die Teilnehmerzahl auf max. 15 begrenzt sein.

Ein Workshop soll die Teilnehmer nachhaltig begeistern und befähigen, gezeigtes direkt umzusetzen.

Im Gegensatz zu einer reinen Präsentation werden in einem Workshop die Inhalte unter Anleitung des Vertriebscoaches erarbeitet und es besteht die Möglichkeit fachliche oder verkäuferische Fähigkeiten zu vertiefen.

Ein Workshop lebt von dem gemeinsamen Best Practice und dem Austausch unter Kollegen.

Oft glaubt man den Erfolg einem Kollegen leichter als einem „externen Berater".

Ein probates Mittel zur Befähigung bzw. Umsetzung sind Rollenspiele, in denen Praxis-Situationen geübt werden.

Generell sollten die Teilnehmer hochmotiviert aus einem Workshop kommen und heiß darauf sein, das Gelernte im nächsten Kundengespräch umzusetzen.

3. Einzelcoaching

Das Einzelcoaching ist optimaler weise das Tagesgeschäft eines Vertriebscoaches.

Hierbei werden Vertriebspartner oder Multiplikatoren befähigt und entwickelt.

Nachdem der Vertriebscoach über die Wollen/Können-Analyse geeignete Coachees ausgewählt hat, wird ein individueller Coachingplan erstellt.

Zum Einen wird der Vertriebspartner theoretisch befähigt, zum Anderen begleitet der Vertriebscoach ihn aber auch in der praktischen Umsetzung.

Gerade in echten Kundengesprächen ist es wichtig, dass der Vertriebscoach anfangs begleitet. Die Inhalte werden erst vor- dann mit- und schließlich nachgemacht.

Einzelcoaching ist letztendlich immer eine Hilfe zur Selbsthilfe - das bedeutet am Ende des Coachingprozesses ist der Coachee befähigt, den Produktverkauf selbständig umzusetzen.

Aus diesem Grund ist ein qualifiziertes Feedback und eine ausführliche Nachbesprechung der durchgeführten Termine so wichtig.

Der Verkäufer geht von Natur aus immer den einfachsten Weg.
Deswegen ist es natürlich sehr bequem, einen Spezialisten zu haben, der immer zum Kunden mitgeht und den Produktpart übernimmt.

Das ist aber nicht der Sinn und Zweck eines Vertriebscoachings.
Den Vertriebler zu coachen heißt immer, ihn dazu befähigen, zukünftig das Verkaufsgespräch alleine zu führen.

Oft erkennt man bei einem Zahlencontrolling einen Anstieg der Verkaufszahlen, an den Tagen, an denen der Vertriebscoach den Verkäufer begleitet.

Das ist zwar schön, aber viel aussagekräftiger ist der Vergleich, wie war die Produktion in der Zeit vor der Vertriebsbegleitung des Coaches und wie hat sich die Produktion in der Zeit danach verändert.

Beispiel eines kurzfristigen Vertriebserfolgs:

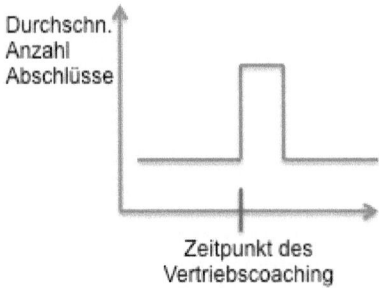

Beispiel eines optimalen Anstieges der
Verkäufe nach einem erfolgreich
durchgeführten Coaching:

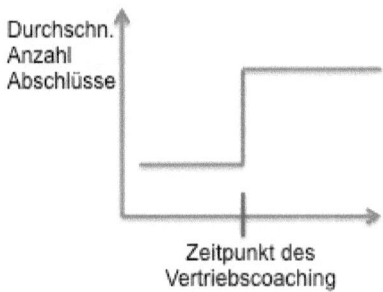

Einen Rückfall des Verkäufers in alte
Verhaltensmuster kann der Vertriebscoach nur
verhindern, indem er immer darauf achtet,
seine Inhalte so zu präsentieren, dass der
Coachee leicht verständlich folgen kann.

Der Köder muss dem Fisch schmecken und nicht dem Angler.

Er muss stets die Vorteile für den Verkäufer herausstellen – auch wenn das für den Vertriebscoach oft offensichtlich ist.

Um Verbesserungsvorschläge nach dem Kundengespräch zu transportieren, hat sich die Technik des „Feedback-Sandwich" bewährt:

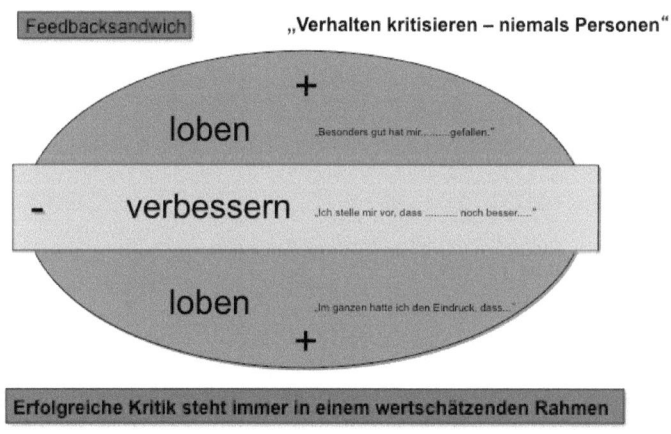

Der Vorteil, dieser Technik, liegt darin, dass sich der Coachee nicht angegriffen fühlt und Änderungsvorschläge eher angenommen werden.

Ziele des Coaching sind zusammengefasst:

- Motivation
- Hilfestellung geben
- Wegbegleitung bei Veränderungsprozessen
- Erfahrungen austauschen
- Vorleben/Vormachen
- Zielvereinbarung
- Hilfe zur Selbsthilfe
- Leistungsmessung und Optimierung
- dauerhafte Steigerung der Produktion

Auch im Einzelcoaching gilt die Regel Nr.1 – es muss als Ergebnis einen Mehrertrag für beide Seiten ergeben.

4. Aktionen

Ein probates Mittel der Produktionssteigerung ist im Kooperationsgeschäft die Durchführung von Aktionen.

Hier wird über einen bestimmten Zeitraum die Attraktivität des Produktverkaufes durch unterschiedliche motivationssteigernde Anreize gefördert.
Dies können Anreize für den Verkäufer sein, aber auch Kaufanreize für den Kunden.

Oft hat der Verkäufer einen ganzen Bauchladen an möglichen Produkten, die er seinen Kunden anbieten kann. Mit Verkaufsaktionen hat der Koopcrationspartncr dic Möglichkcit, sich in der Wahrnehmung von den anderen Produktgebern abzuheben.

Bis zu den Skandalen der Ergo Versicherung („Lustreisen der Vertreter), über die in allen Medien ausführlich berichtet worden ist, waren vor allem auch Reisewettbewerbe ein tolles Instrument, um die Verkäufer emotional einzufangen.

Seitdem solche – übrigens zu 99% seriöse –
Fahrten aufgrund der negativen Presse nur
noch selten durchgeführt werden, sucht die
Branche nach anderen Anreizsystemen.

Trotz allem sind Wettbewerbe, egal welcher
Art, einfach ein geniales Instrument, um
Vertriebler zu erreichen.

1.1.4 Phase 4: Interesse

Ohne echtes Interesse an seinem Kooperationspartner, hat sowohl der Produktgeber als auch der Vertriebscoach nur wenig Aussichten auf Erfolg.

Für den Produktgeber gilt, je besser er den Kooperationspartner versteht und seine Unternehmenskultur kennt, desto besser kann er sich auf diesen einstellen.

Je ähnlicher der Produktgeber dabei wird und je besser er seine Prozesse auf den Partner einstellen kann, desto leichter wird er seine Produkte dort verkaufen können.

Auf der Ebene des Vertriebscoaches wird das sogar noch viel emotionaler und persönlicher. Er ist als aktiver Freund in der Vertriebswelt des Partners unterwegs.

Die Grenze zwischen kollegialem Gespräch und freundschaftlichem Austausch ist fließend. Nicht selten entstehen zwischen Vertriebscoach und Coachee echte Freundschaften.
Schließlich sind es ja Menschen, die hier interagieren und keine Maschinen.

Gerade weil es so wichtig ist, dem Partner echtes Interesse wieder zu spiegeln, sollte der

Vertriebscoach ein paar einfache Handlungsstandards einhalten.

Feedback während und nach der Vertriebsbegleitung ist unerlässlich.

Dabei sollte der Vertriebscoach immer darauf achten, solche Gespräche motivierend zu führen. Ein Rückmeldegespräch sollte immer spätestens 1 Woche nach der gemeinsamen Aktivität erfolgen.
Ziele, die aus einer gemeinsamen IST-Analyse hervorgegangen sind, müssen immer gemeinsam erarbeitet worden sein.

In den seltensten Fällen wird der Vertriebscoach erfolgreich sein, indem er dem Partner Ziele aufdiktiert.

Ein gepflegtes CRM System hilft dem Vertriebscoach dabei, spezielle Anlässe für kontinuierliche Kontaktpflege zu nutzen.

Gratulation zu Geburtstagen, Jubiläen, Hochzeit, Geburt Kinder, Weihnachten sind eine Standard-Verpflichtung.

Der Vertriebscoach sollte sich aber auch Gesprächsnotizen machen zu Hobbys, Familienthemen oder besonderen Erlebnissen des Partners.

Damit kann er z.B. einen Einstieg beim nächsten Gesprächstermin finden, aber auch mit entsprechenden persönlichen Informationen eine Brücke zur Motivation des Partners schlagen.

Wertschätzung und Interesse wird auch stark durch die strikte Einhaltung von betreuungsrelevanten Leistungsversprechen signalisiert.

Beispiele hierfür sind:

- Rückruf innerhalb von 24 Stunden
- Vertretung bei Abwesenheit ist jederzeit gewährleistet
- als erster Ansprechpartner ist der Vertriebscoach ein zuverlässiger Problemlöser

1.1.5 Phase 5: Verbindlichkeit

Nur ein verbindlicher Vertriebscoach wird von seinen Vertriebspartnern auch ernst genommen.

Deshalb ist es wichtig mit einem strukturierten Controlling Vereinbarungen nachzuhalten und entsprechend entweder Anerkennung oder Maßnahmen bei Nichterreichung einzuleiten.

Verbindlich zu sein bedeutet immer auch zuverlässig zu sein, d.h. Anfragen bzw. übertragene Aufgaben auch als Vertriebscoach schnell und zuverlässig zu erledigen.

Oft sieht es in der Praxis so aus, dass der Vertriebsocach den Partner besucht, u.U. einen Tag mit ihm verbringt, Ziele vereinbart und sich danach erst am Zielerreichungsstichtag wieder meldet (wenn überhaupt).

Dann ist das Kind aber bereits in den Brunnen gefallen.

Deswegen kann ein Praxisbesuch nur sein volles Potenzial entfalten, wenn der Vertriebscoach im Nachgang die getroffenen Vereinbarungen regelmäßig controlled, im Idealfall einen wöchentlichen Zwischenabgleich macht und regelmäßig mit dem Vertriebspartner darüber spricht.

Aktiver Freund sein

Die Bezeichnung „aktiver Freund" beinhaltet zwei sehr wichtige Kriterien für einen erfolgreichen Vertriebscoach:

- **Aktiv**

Damit soll hervorgehoben werden, dass der Vertriebscoach kein passiver Fachspezi ist. Von ihm gehen Vertriebsinitiativen und Ideen aus. Er unterstützt aktiv und geht immer mit gutem Beispiel voran.

- **Freund**

Wir arbeiten alle lieber mit Menschen zusammen, die wir kennen und mögen. Die Sympathieregel ist sehr einfach: Menschen haben eine höhere Bereitschaft, sich von jemanden überzeugen zu lassen, den sie kennen und sympathisch finden.

Wie kann aber nun ein Vertriebscoach seine Sympathiewerte bei den Vertriebspartnern zum positiven beeinflussen?

Hier wurde zum Glück in der Überzeugungspsycholgie schon seit Jahrzenten geforscht. Dieses Wissen kann sich ein Vertriebscoach zu nutzen machen.

So hat z.B. Cialdini eine ganze Reihe von sympathiefördernden Faktoren identifiziert:

Sympathiefaktor 1: Die äußerliche Attraktivität

Es dürfte wohl allgemein bekannt sein, dass es gut aussehende Leute bei einer Tätigkeit die soziale Interaktion verlangt Vorteile haben. Die Forschung hat belegt, dass wir gut aussehenden Menschen automatisch solche Eigenschaften zuschreiben wie Begabung, Freundlichkeit, Ehrlichkeit und Intelligenz.

In Experimenten wurde gezeigt, das z.B. attraktive Menschen auch eher Hilfe erhalten, wenn sie in Not sind.

Es gibt da nur eine wichtige Ausnahme: Nämlich dann, wenn die attraktive Person in direkter Konkurrenz, vor allem bei „Herzensangelegenheiten" steht.

Sympathiefaktor 2: Die Ähnlichkeit

Da die meisten von uns mehr oder weniger durchschnittlich aussehen, kommt jetzt die gute Nachricht:

Es gibt noch weitere Faktoren mit denen wir unsere Sympathiewerte positiv beeinflussen können.

Einer der wichtigsten davon ist die Ähnlichkeit. Jeder mag Leute, die ihm ähnlich sind. Und Ähnlichkeit kann in vielen Bereichen herbeigeführt werden.

Wir können uns im Bereich von Meinungen, Charaktereigenschaften, Herkunft oder Lebensstil ähneln.

Ein gutes Beispiel dafür ist die Kleidung. Als Vertriebscoach muss ich immer darauf achten, mich den Umständen entsprechend – angepasst an den Stil des Kooperationspartners – kleiden.

Dabei muss ich sowohl darauf achten, nicht underdressed zu sein, es kann aber auch verheerend sein immer viel eleganter als meine Kooperationspartner gekleidet zu sein. Eine weitere gute Möglichkeit, den Eindruck von Ähnlichkeit entstehen zu lassen, besteht in der Behauptung ähnliche Interessen wie das Gegenüber zu haben.

Im Verkauf wird dieses Vorgehen schon lange angewendet.

Der Verkäufer nimmt Dinge im Umfeld des Kunden wahr, beispielsweise entdeckt er Golfbälle in der Wohnung des Kunden und erwähnt wie beiläufig, das er bei gutem Wetter später noch eine Runde auf den Golfplatz gehe.

So belanglos diese Ähnlichkeiten auch erscheinen mögen, sie verfehlen ihre Wirkung nicht.

So ergab beispielsweise die Untersuchung der Verkaufsunterlagen von Versicherungsunternehmen, dass Kunden eher geneigt waren, eine Versicherung abzuschließen, wenn zwischen ihnen und dem Vertreter Ähnlichkeit hinsichtlich Alter, Religion, Tabakkonsum, etc. bestand. (Vergleich „Coporate Identity bei Versicherungsunternehmen" , Ertel 1991)

Und was sich im Verkauf bewährt hat, hilft auch im Betreuungsgeschäft.

Sympathiefaktor 3: Komplimente

Jeder Mensch hat eine Schwäche für Schmeicheleien. Auch wenn unsere Gutgläubigkeit Grenzen hat, z.B. wenn wir sicher sind, dass der Schmeichler es darauf anlegt uns zu manipulieren.

Trotzdem kann die Mitteilung, dass jemand von uns angetan ist, ein bezaubernd effektives Mittel sein, uns zur Erwiderung dieser Sympathie zu bringen.
Dabei hat man bei Experimenten herausgefunden, dass Komplimente noch nicht mal unbedingt zutreffend sein müssen, um zu wirken.

Positive Kommentare brachten dem Schmeichler stets gleich viel Sympathie ein, ob sie nun stimmten oder nicht.

Offensichtlich haben wir eine Tendenz, positiv auf Komplimente zu reagieren, und diese Tendenz ist so stark, dass wir auch auf Leute hereinfallen, die uns ganz unverhohlen Honig um den Bart schmieren, um unsere Gunst zu gewinnen.

Sympathiefaktor 4: Kontakt

In der Regel mögen wir das was wir kennen.

Aufgrund ihrer emotionalen Wirkung spielt der Grad der Vertrautheit mit Personen eine wichtige Rolle bei allen möglichen Entscheidungen.

Vertrautheit ruft oft unbewusst Zuneigung hervor.
Das trifft übrigens auch auf Dinge oder Vorgänge zu.

Oft sind wir uns der Tatsache gar nicht bewusst, dass unsere Einstellung zu einer Sache dadurch beeinflusst ist, wie häufig wir in der Vergangenheit mit ihr in Berührung gekommen sind.

Im Umkehrschluss bedeutet das, echte Sympathie kann sich gar nicht entwickeln, wenn sich der Vertriebscoach nur 2x im Jahr bei seinem Kooperationspartner sehen lässt.

Sympathiefaktor 5: Kooperation

Je mehr es dem Vertriebscoach gelingt, seinen Kooperationspartner davon zu überzeugen, für das gleiche Ziel zu arbeiten und eigentlich ein Teamkamerad zu sein, umso sympathischer und erfolgreicher wird seine Tätigkeit sein.

Ein gutes Beispiel dafür, wie dieser Ansatz auch im Verkauf erfolgreich angewendet werden kann ist „einen besonders guten Preis für den Kunden herausschlagen".

Das geht mit jedem Produkt, verdeutlichen möchte ich es mit einem Kreditverkauf in einer Bank:

Der Bankberater versucht mit vollem Einsatz eine Top-Kondition für „seinen" Kunden beim Chef herauszuschlagen.

Dafür lässt er den Kunden alleine zurück, um mit seinem Chef den Fall durchzusprechen und eine Sondergenehmigung zu erwirken.

In Wahrheit findet kaum eine Auseinandersetzung statt, wenn der Verkäufer unter solchen Bedingungen in das Büro des Chefs geht.

Da der Verkäufer die Kondition unter die er nicht gehen darf, genau kennt, hat er oft gar nichts mit seinem Boss zu besprechen.

Bei meiner früheren Tätigkeit als Vertriebscoach, war es Usus, dass der Verkäufer schweigend etwas trank oder eine Zigarette rauchte, während sein Chef mit seiner Arbeit fortfuhr.

Schließlich kommt der Verkäufer nach einer gebührenden Pause zum Kunden zurück, einen erschöpften Eindruck machend, aber mit der frohen Botschaft, die Sonderkondition durchgeboxt zu haben.

Verstehen Sie mich bitte nicht falsch, hier soll nichts vorgespielt werden.

Solche Situationen ergeben sich schon aus realen Vorgängen, bei denen der Vertriebscoach sich für die Kooperationspartner einsetzt.

Wird dies vom Kooperationspartner registriert, verhilft es dem Coach zu Sympathiepunkten.

Empathische Intelligenz

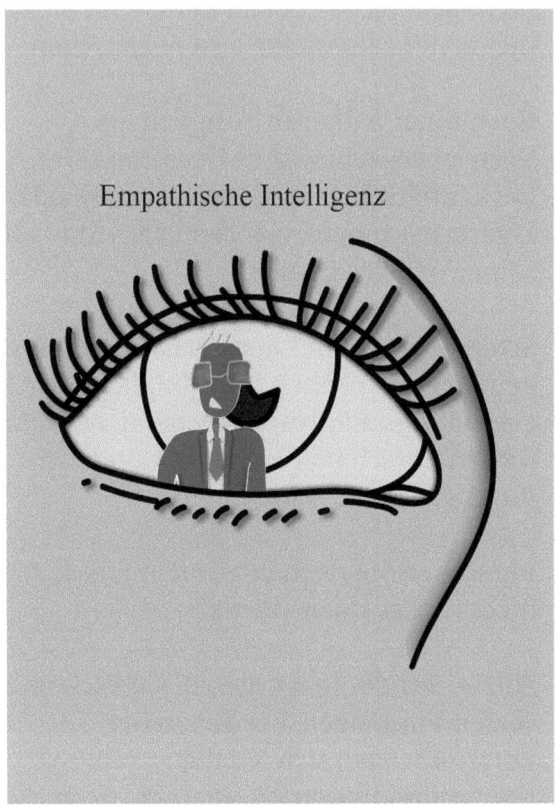

Empathische Intelligenz

Erfolgreiche Vertriebscoaches sind nicht selten in der Lage sich in andere Menschen hineinversetzen zu können.

Ihre empathische Fähigkeiten oder auch ihr Einfühlungsvermögen sind stark ausgeprägt.

Einfühlsamkeit ist Teil der emotionalen Intelligenz.
Jeder Mensch hat diese angeborene Fähigkeit, sich in einen anderen Menschen hinein zu versetzen.

Allerdings müssen diese Fähigkeiten geschult, verfeinert und entwickelt werden.

Um einen empathischen Zugang zu einem anderen Menschen zu finden, können verschiedenste Techniken behilflich sein.

Drei Dinge sollte der Vertriebscoach auf jeden Fall beherzigen:

1.)   Die richtigen Fragen stellen.

Dem Gegenüber sollten keine Fragen gestellt werden, in denen die Antwort bereits enthalten ist. z.B. „Sie glauben also wirklich unser Produkt ist schlecht?" - der Produktpartner wird eine abwehrende Haltung einnehmen und zu machen.

Wollen Sie wirklich erfahren was in Ihrem Gesprächspartner vorgeht, sollten Sie eine offene, eine empathischere Frage stellen.

z.B. „Was gefällt Ihnen an unserem Produkt besonders gut?"

Offene Fragen laden zur Analyse ein, zum objektiven Betrachten.

2.) Richtig zuhören.

Natürlich reicht es nicht nur zu fragen.

Einfühlsam zuhören bedeutet aus psychologischer Sichtweise, sich ohne Vorannahmen über einen anderen Menschen dessen Weltsicht zu eigen zu machen, um so seine subjektive Wahrheit zu erfahren.

Dies geht nur bei echtem Interesse an dem Gesprächspartner.

3.) Sich zurücknehmen

Oft nimmt man an, eine Vertrauensbasis erzeugen zu können, wenn man etwas aus einer eigenen Intim- oder Gefühlssphäre mitteilt.

Langfristig ist diese missverstandene Offenheit eher kontraproduktiv.

Es nimmt den Erzählungen und Problemen des Gesprächspartners die Einzigartigkeit.

Empathisches Zuhören bedeutet, den anderen Menschen seine Geschichte erzählen zu lassen, ohne vorschnell zu urteilen, ihn zu unterbrechen oder etwa gute Ratschläge aufzudrängen.

Es ist durchaus möglich, eine Produktionssteigerung zu erzielen – obwohl im Gesprächstermin die eigentlichen Vertriebsthemen nur am Rande angesprochen wurden.

Erfolgreiche Vertriebler sind zum großen Teil einfach emotionale Menschen.

Mit Sympathie, echtem Interesse und Verständnis erreicht ein Vertriebscoach mehr als mit Stunden voller trockener, fachlicher Schulungen.

Die Kunst ist dann, den Dreh wieder zu einer vertrieblichen Vereinbarung zu bekommen und den Sack zu zu machen.

Führung über Ziele

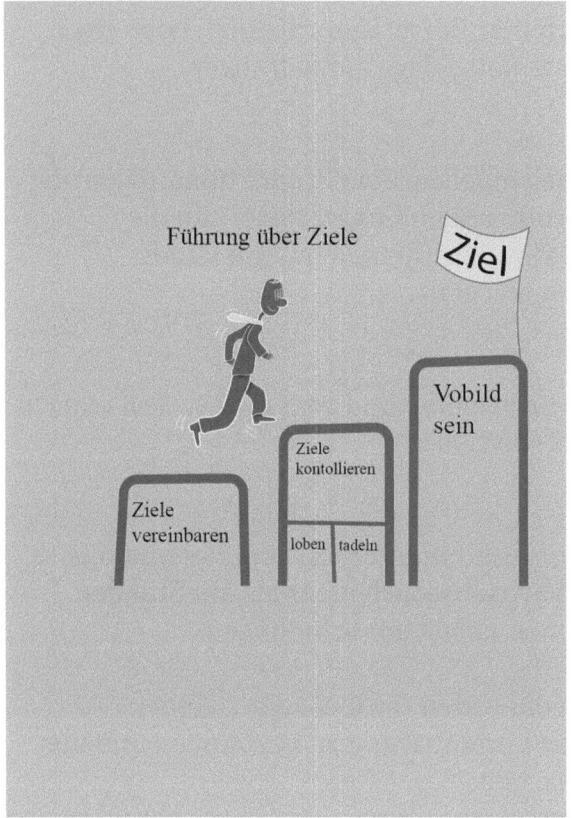

Für einen Vertriebscoach kann es sehr schwierig sein, Ziele mit seinen Kooperationspartnern nicht nur zu vereinbaren, sondern auch mit dem notwendigen Nachdruck einzufordern.

Er wird immer den schmalen Grat gehen, verbindlich im Bezug auf die Produktion zu sein, aber trotzdem den Druck nicht so weit zu erhöhen, dass der Vertriebspartner sich u.U. einer Zusammenarbeit ganz verweigert.

Der Vertriebscoach kann nur (einen nicht-zufälligen) Erfolg haben, wenn er eine konsequente Ziel-Verfolgungsstrategie betreibt.

Auch für den Kooperationsvertrieb gilt:

Wer kein Ziel hat, kann auch keins erreichen.

Deswegen steht am Anfang jeder Zusammenarbeit die Zielvereinbarung.

Und zwar nicht nur die Vereinbarungen, die beide Unternehmen miteinander treffen, sondern hier sind speziell die Vereinbarungen gemeint, die auf der Produktionsebene getroffen werden müssen.

Der Vertriebscoach muss Ziele mit der Vertriebseinheit vereinbaren, für die er verantwortlich ist.

1. Ziele vereinbaren

Bevor der Vertriebscoach mit dem Kooperationspartner Ziele vereinbaren kann, muss er sich darauf vorbereiten.

Dabei helfen folgende Fragen:

„Was genau wollen wir?" (konkretes, lohnendes Ziel)
„Wie will ich den Mitarbeiter begeistern?"
„Warum mag ich meinen Gesprächspartner?"
„Welche Unterlagen benötige ich?"

Das Zielvereinbarungsgespräch selbst kann in mehrere Phasen gegliedert werden.

- **Gesprächseinstieg**

   Dieser sollte herzlich, offen und konzentriert erfolgen.

   Dem Ziel sollte eine klare Begründung vorausgehen. *„Herr XY... wir wollen...,(nicht müssen) weil wir..."*

   Durch Offenheit kann der Vertriebscoach zusätzliches Vertrauen schaffen. *„Für Sie würde das folgendes bedeuten..."*

- **Ja-Reaktion des Coachees abholen**

Idealerweise erreicht der Vertriebscoach eine Übereinstimmung seiner Ziele mit der denen seines Coachees.

Unterstützende Fragen sind:
„Reizt Sie dieses Ziel?"
„Sind Sie mit dabei?"
„Machen Sie mit?"

- **Anerkennung der Bereitschaft**

Hat der Coachee einer Zielvereinbarung zugestimmt, ist es wichtig ihm diese Bereitschaft positiv zu verstärken.

„Ihre spontane Bereitschaft freut mich sehr"
„Ihre Einstellung ist beeindruckend, prima, toll..."

- **Aktionsvereinbarung**

Selbstverständlich muss jetzt direkt eine Aktionsvereinbarung folgen und verbindlich festgelegt werden.
„Was wollen Sie nun tun?"

- **Verabschiedung**

Mit der Verabschiedung kann der
Vertriebscoach jetzt direkt die Ankündigung
einer „Kontrolle" vereinbaren.

*„Ich freue mich auf Ihre ersten Resultate,
Ergebnisse..."*
*„Wann treffen wir uns wieder, um sie zu
besprechen?"*
**„Wenn Du ein Schiff bauen willst, so trommle
nicht Männer zusammen um Holz zu
beschaffen, Werkzeuge vorzubereiten,
Aufgaben zu vergeben und die Arbeit
einzuteilen, sondern lehre die Männer die
Sehnsucht nach dem weiten, endlosen Meer!"**

2. Ziele kontrollieren

Prinzipiell ist eine Kontrolle der vereinbarten Ziele immer auch eine Chance zum Loben.

Ohne eine laufende Kontrolle kann ein vereinbarter Vertriebsprozess nicht ggf. korrigiert werden.

Es ist wichtig Ziele zu vereinbaren, es ist aber genauso wichtig einmal vereinbarte Ziele auch zu kontrollieren.

Die einfachste Art der Kontrolle findet im persönlichen Gespräch statt.

Kontrolle = Chance zum Loben!

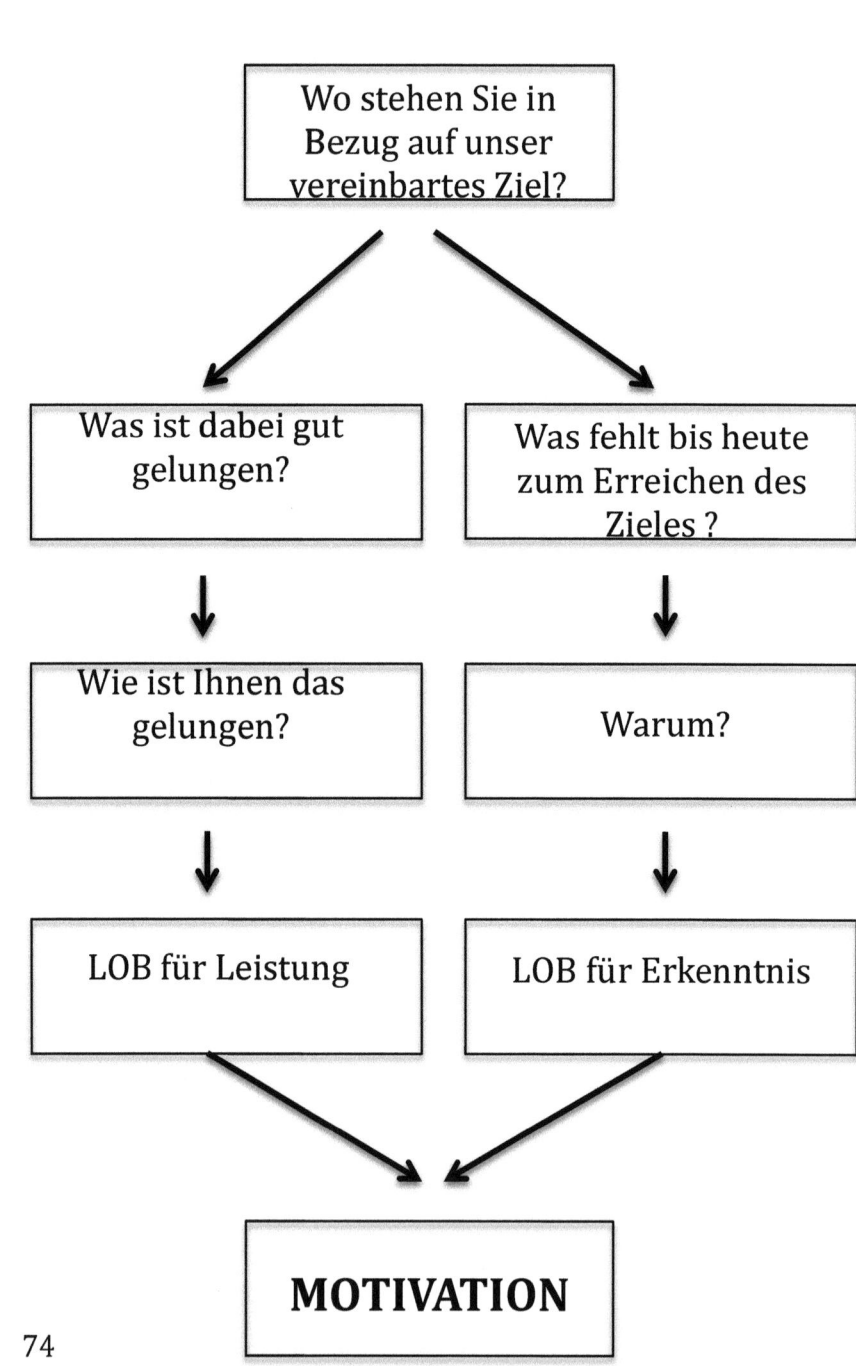

Loben und Tadeln sind die Leitlinien der Kontrolle zum Ziel.

2.1 Loben

Richtig Loben ist ein wichtiges Instrument bei der Interaktion mit dem Coachee.

Lob ist echt, wenn der Coachee über <u>seine</u> „Heldentaten" berichten kann.

Dementsprechend erzielt Lob die beste Wirkung, wenn der Vertriebscoach sich für gute Leistungen nicht nur bedankt, sondern gratuliert.

Lassen Sie den Vertriebspartner im wahrsten Sinne des Wortes ein „Held" sein.

Der Vertriebspartner muss das Lob spüren. Eine einfache Nachfrage wie z.B. *„Wie haben Sie dieses hervorragende Resultat erzielt?"*, verbunden mit echtem Interesse, Zuhören und einem kurzen physischen Signal (z.B. Hand geben oder Schulter berühren) hilft dabei.

2.2 Tadeln

Um einiges schwieriger ist das richtige Tadeln bei Nichterreichen der Ziele.

Hierbei hat sich ehrliche Offenheit in Verbindung mit einer positiven Einstellung bewährt.

Ein Einstieg ist z.B. *„Es liegt mir etwas am Herzen, das ich mit Ihnen besprechen will"*, verbunden mit einem Händedruck und Blickkontakt.
Anschließend sollte direkt die Situation über Fakten offen und einfach geschildert werden:

„Heute morgen habe ich festgestellt, dass..."

Auch das eigene Empfinden kann an dieser Stelle zum Ausdruck gebracht werden: *„Ich bin erschrocken, dass..."* oder *„Mich hat geärgert, dass..."*

Durch Schweigen sollte man das Gesagte nun erst einmal wirken lassen und dem Vertriebspartner Gelegenheit geben, den Fehler selbst einzugestehen.

Bei einer positiven „Selbstverurteilung" des Vertriebspartners, muss der Vertriebscoach jetzt unbedingt das Vertrauen durch Anerkennung bestätigen und neue Ziele setzen.

3. Vorbild sein

Coachen heißt immer Vorbild sein.

- Die Ziele für die Vertriebspartner sollten Ziele sein, an denen der Coachee wachsen kann. Trauen Sie ihm mehr zu, als er sich selbst.

- Coaching hilft dem Coachee auch seine Angst zu überwinden. Vermitteln Sie dem Coachee Sicherheit.

- bei allen Lösungsansätzen ist die eigene Idee des Coachees immer besser als eine geniale Idee eines Anderen.

Vorbild sein, bedeutet immer die Werte auch zu leben, die man als Coach vermitteln möchte.

Ein Vertriebscoach muss nicht der beste Verkäufer sein – aber er kann unmöglich Verkaufsgespräche trainieren, wenn er nicht verkaufen kann.

Führung der Vertriebscoaches

Die Führung von Vertriebscoaches ist eine besonders wichtige und sensible Aufgabe innerhalb der Strukturen des Produktgebers.

Oft unterscheidet sich die Vorgehensweise, aber auch Teile der Vertriebskultur erheblich von dem eigenen Vertrieb des Produktgebers.

Ein Kooperationsvertrieb ist nicht zuletzt dadurch erfolgreich, indem er sich auf die Kultur des Partners einstellt.

Trotzdem ist eine Kernaufgabe der Führungskraft, die Werte, Richtlinien aber vor allem auch das Zugehörigkeitsgefühl zum eigenen Unternehmen zu vermitteln und zu bewahren.

Die klassischen Führungsaufgaben unterscheiden sich natürlich kaum von denen eines jeden Vertriebes.

Letztlich trägt die Führungskraft die Verantwortung gegenüber dem Unternehmen, einen profitablen Beitrag zu leisten.

Es sollen hier nur die wichtigsten, grundlegenden Führungswerkzeuge dargestellt werden, ohne Anspruch auf Vollständigkeit – eher als roter Faden zu sehen und als Hilfsmittel zur Strukturierung der Führungstätigkeit.

Die wichtigsten, elementaren Aufgaben einer
Führungskraft in Kooperationsvertrieben sind:

1.)   Sicherstellen von Aktivitäten
Wichtigste Werkzeuge: Betreuungsplan, EA-
Gespräch, Monatsmeeting

2.)   Erreichen der Ziele
wichtigste Werkzeuge: Controlling, EA-
Gespräch

3.)   Sicherstellen von Qualität
Wichtigste Werkzeuge: Ausbildung,
Rollenspiele, Monatsmeeting, EA-Gespräch

4.)   Kommunikation einer klaren Linie
Wichtigste Werkzeuge: Monatsmeeting, EA-
Gespräch

5.)   Coach the Coach
Wichtigste Werkzeuge: Rollenspiele, ToJ

**6.)   Vermittlung der
          Unternehmenswerte**
Wichtigste Werkzeuge: Monatsmeeting, EA-
Gespräch, Klausurtagung

Führungsaufgaben und die passenden
Führungsinstrumente in der Übersicht:

	EA-Gespräch	Meeting	Rollenspiele	Wochenplan	Controlling
Aktivitäten sicherstellen	✔	✔	✔	✔	✔
Zielerreichung	✔	✔	✔	✔	✔
Qualität sicherstellen	✔	✔	✔	✔	✔
Klare Vorgaben	✔	✔	✔	✔	✔
Coach the Coach	✔	✔	✔	✔	✔
Unternehmenswerte	✔	✔			✔

Letztendlich ist die Daseinsberechtigung jeder
Kooperation der erfolgreiche Vertrieb der Produkte
des Produktgebers, verbunden mit einem
entsprechenden Provisionsertrag für den
Kooperationspartner.

Alle Führungsinstrumente, Verkaufsansätze,
Vorgehensweisen, Präsentationen usw. dienen diesem
Ziel.
Das sollte man sich immer vor Augen halten.

Führungsinstrumente und ihr konsequenter Einsatz helfen der Führungskraft auch hier durch die Kraft von positiven Standards eine einheitliche Qualität, aber auch eine wichtige Kontinuität in die Kommunikation mit den Mitarbeitern zu etablieren.

Als Führungskraft vermitteln Sie die Regeln, nach denen in Ihrem Team gearbeitet wird.
Sie haben es in der Hand, ob jemand zum Botschafter Ihrer Marke, Ihres Unternehmens und Ihrer Produkte wird.

Kommen wir jetzt zu den einzelnen Führungsinstrumenten und ihre Anwendung in der Praxis.

1. Das Erfolgsanalyse Gespräch (EA Gespräch)

So banal es klingt, so wichtig ist es in der Praxis. Das persönliche Gespräch der Führungskraft mit dem Mitarbeiter ist das wichtigste Führungsinstrument.

Bei meiner täglichen Arbeit in den verschiedensten Unternehmen der Finanzbranche habe ich leider viel zu oft erlebt, dass es keine standardisierte bzw. organisierte Vorgehensweise für Mitarbeitergespräche gibt, die auch einen vertrieblichen Nutzen bringen.

Warum ist der regelmäßige Austausch zwischen Führungskraft und Mitarbeiter so wichtig?

Aus klassischer Sicht einer Führungsaufgabe liegt das natürlich auf der Hand.

Nur in regelmäßigen Gesprächen kann die Führungskraft in die Tiefe gehen und nachfragen.

Hier ist es einfach besser, sich gegenüber zu sitzen und in die Augen zu schauen, als irgendwelche Excel-Listen hin- und her zu schicken.

1:1 Gespräche (am besten im monatlichen Intervall) sind hervorragend dafür geeignet, um schnelle Kurskorrekturen vorzunehmen.

In solchen Gesprächen kann über das Tagesgeschäft, also über die Praxis gesprochen werden und nicht nur über grundsätzliche Ziele.

Die Führungskraft hat hier die Möglichkeit ins Detail zu gehen bzw. gehen zu lassen.

Erfolgsanalyse Gespräche geben auch einer Führungskraft die Möglichkeit, seinen Mitarbeiter im Rahmen des Coachingprozesses zu loben oder auch zu tadeln.

In jedem Fall erhält der Mitarbeiter direktes Feedback und ggf. auch Hilfestellung.

Beide Seiten haben Gelegenheit sich auf das Gespräch vorzubereiten und sind dadurch auch gezwungen, sich mit der Entwicklung des anvertrauten Gebietes auseinanderzusetzen.

Im Kooperationsvertrieb gibt es im Gegensatz zum klassischen Vertrieb noch ein weiteres wichtiges Argument für regelmäßige 1:1 Gespräche.

Der Vertriebler, der im Auftrag bei einem Kooperationspartner tätig ist, taucht idealerweise völlig in den Kooperationsvertrieb ein.
D.h. er verbringt fast seine gesamte Arbeitszeit bei und mit Kooperationspartnern.

Ein guter Vertriebler wird sich automatisch sehr schnell mit der Kultur des Kooperationspartnern identifizieren.

In den regelmäßigen, gemeinsamen Gesprächen mit der Führungskraft wird notwendigerweise seine Bindung zur eigenen Firma immer wieder aufgefrischt und gestärkt.

Dies ist sehr wichtig, damit der Vertriebler auch weiterhin im Sinne seines eigenen Unternehmens Entscheidungen trifft.
Auch und gerade deshalb sind regelmäßige Meetings im Kollegenkreis so wichtig.

Wie läuft das Erfolgsanalyse Gespräch idealerweise ab?

Für die Führungskraft ist es wichtig einen roten Faden für das Gespräch zu haben und vor allem die Gesprächsführung nicht aus der Hand zu geben.

Die Ziele des Gespräches kann man im Wesentlichen auf folgende Punkte herunterbrechen:

- **IST-Analyse** (Feststellung positiver aber auch negativer Abweichungen von getroffenen Vereinbarungen)

- **Ursachenanalyse** (warum lief etwas gut oder schlecht?)

- **Treffen von Vereinbarungen** (inkl. Lösungsfindung, konkrete Vorgehensdefinition)

- **nächste Terminvereinbarung**

Natürlich unterscheiden sich solche Gespräche je nach Unternehmenskultur, aber die Grundstruktur ist immer gleich.

Eine nächste Terminvereinbarung habe ich dabei ganz bewusst als wesentlichen Punkt mit aufgeführt, da beide Seiten unbedingt in dem Gespräch festlegen müssen, bis wann die nächste ausführliche IST-Analyse stattfindet.

In der Praxis gestalten sich naturgemäß die Gespräche etwas anspruchsvoller, bei denen über schlechte Zahlen gesprochen wird bzw. auch getroffene Vereinbarungen nicht eingehalten wurden.

Sehr wichtig ist, dass im Erfolgsanalysegespräch Lösungen nicht einfach von der Führungskraft vorgegeben werden.

Oft versucht der Mitarbeiter den Ball zurück zu spielen und fragt die Führungskraft nach einem Lösungsvorschlag.

Alle Lösungen, Vereinbarungen oder Vorgehensweisen müssen vom Mitarbeiter selbst erarbeitet werden. Die Führungskraft darf höchstens etwas korrigierend Einfluss nehmen.

Es gibt kaum eine schlimmere Situation als die, wenn der Mitarbeiter fragt *„Was kann ich denn jetzt tun?"* und die Führungskraft vielleicht auch noch wahrheitsgemäß antwortet *„Das weiß ich auch nicht."*

Das kommt einem Freibrief zum Versagen gleich.

Deswegen sollte die Führungskraft, auch in einer Situation, bei der sie die weitere Vorgehensweise nicht kennt, immer mit einer Gegenfrage reagieren und den Mitarbeiter zum intensiven Nachdenken anregen.

Praxisbewährt sind Regeln, die im Vorfeld aufgestellt werden, wie z.B. *„Über Probleme sprechen wir nur, wenn Sie auch gleich 2 Lösungsansätze ausgearbeitet haben".*

So ist der Mitarbeiter gezwungen, sich selbst intensiv mit der Lösung auseinanderzusetzen.

Leider habe ich immer wieder viele Führungskräfte beobachtet, die in einem Erfolgsanalysegespräch krampfhaft versuchen, ihre große Erfahrung und Kompetenz zu beweisen und dem Mitarbeiter direkt Lösungen aufzeigen.

Dies birgt zwei große Nachteile:

1.) Der Mitarbeiter verlässt sich auf die Hilfe des Vorgesetzten und wird mit der Zeit sehr bequem. Wenn etwas nicht läuft, bekommt er ja eine Lösung aufgezeigt.

2.) Es wird in der Praxis immer Situationen geben, in denen auch die Führungskraft spontan keine Lösung kennt. Aus dieser Sackgasse kommt man nur schwer wieder heraus. Nach dem Motto „Der Chef weiß da ja auch nicht weiter" wird die Situation erst mal als „unlösbar" abgelegt.

Ähnlich wie ein Coaching Gespräch, sollte man auch das Erfolgsanalysegespräch als Hilfe zur Selbsthilfe ansehen.

Auch bei der gemeinsamen Erarbeitung einer Lösung gilt:

Eigene Ideen werden immer mit größerem Eifer umgesetzt, als vorgegebene Handlungsempfehlungen.

Versuchen Sie deshalb immer durch zielgerichtete Gesprächsführung, den Mitarbeiter das weitere Vorgehen selbst erarbeiten zu lassen.

2. Regelmäßige Meetings

Regelmäßige Meetings mit dem
Vertriebsaußendienst kennt jedes Unternehmen.

Auch im Kooperationsvertrieb – und gerade dort –
sind gemeinsame Meetings (z.B. im monatlichen
Rhythmus) ein mächtiges und wichtiges
Führungsinstrument.

Warum ist der gemeinsame Austausch so wichtig?

Mitarbeiter, die ihren gesamten Berufsalltag in anderen Unternehmen verbringen, da sie Kooperationspartner betreuen, neigen stark dazu, sich mit diesem Kooperationspartner zu identifizieren.

Das kann sogar soweit gehen, dass die eigene Zugehörigkeit gefühlt beim Kooperationspartner liegt und nicht beim eigenen Unternehmen.

Als Einzelkämpfer haben Vertriebscoaches auch zu ihren Kollegen im normalen Tagesgeschäft keinen oder nur sehr wenigen Kontakt.

Für mich war es deshalb immer extrem wichtig, meinen Vertriebscoaches einmal im Monat das Gefühl eines Heimathafens zu vermitteln.

Bei den monatlichen Meetings – idealerweise in der Unternehmenszentrale – hatten die Coaches Gelegenheit, ihre Kollegen zu treffen, sich auszutauschen und exklusive Informationen zu erhalten.

Diese Gruppenmomente sind sehr wichtig für das Zugehörigkeitsgefühl und die Bindung an das Unternehmen.

Neben all den praktischen Vorteilen, wie z.B. die direkte Kommunikationsmöglichkeit gleichzeitig an alle Vertriebscoaches, war das Bindungsmotiv für mich immer der wichtigste Grund von allen.

Diese Meetings sind die Gelegenheit für Sie als Führungskraft, Wertschätzung zu zeigen, sich zu inszenieren und Stimmungen einzufangen.

Betrachten Sie die monatlichen Meetings deswegen nie als lästige Pflichtveranstaltung, sondern immer als wichtigster Tag des Monats.

Wie sollte ein Tagesmeeting idealerweise ablaufen?

Konkrete Abläufe solcher Meetings sind natürlich immer auch zu einem gewissen Grad von der jeweiligen Unternehmenskultur beeinflusst.
Für mich persönlich hat sich durch viele Jahre praktischer Erfahrung ein Ablauf bewährt, der folgendermaßen aufgebaut war:

a. **Erfahrungsaustausch ohne Führungskraft**

Mit diesem eher informellen ersten Tagesordnungspunkt habe ich immer sehr gute Erfahrungen gemacht.

Nach einer kurzen Begrüßung und Festlegen des Moderators, habe ich die Runde wieder verlassen.

In einer vorher definierten Zeit, haben die Mitarbeiter jetzt die Gelegenheit sich auszutauschen und offene Fragen zu stellen, die in der Praxis aufgetreten sind.

Oft können viele Punkte direkt von erfahrenen Kollegen geklärt werden. Alles was offen bleibt, kommt auf ein Flipchart und wird später thematisiert.

b. Begrüßung inkl. Ankündigung der Tageshighlights und Tagesziele

Eine offizielle Begrüßung inkl. Wertschätzung versteht sich zwar von selbst, sollte aber immer zelebriert werden.

Mit der Ankündigung der Tageshighlights wird Spannung aufgebaut und aufbauend auf das Definieren der Tagesziele (z.B. *„Ich möchte das am Ende des Tages jeder für das neue Produkt XY brennt!")*, kann z.B. in der Feedbackrunde jeder Einzelne am Ende des Tages wieder abgeholt werden.

c. Beantwortung offener Fragen aus Punkt 1

Sinn und Zweck dieses Tagesordnungspunktes ist es, dass eine Tagung nicht durch offene Fragen oder Unsicherheiten gestört wird.

Gibt es aktuelle „Auskotz"-Themen, kann hier einiges an Dynamik herausgenommen werden.

Punkte, die nicht sofort beantwortet werden können, werden zur Klärung aufgeschrieben und mit einem Klärungstermin verbindlich gemacht.

d. Aktuelle Zahlen

Vertrieb lebt von Vertriebszahlen. Deswegen war es für mich immer enorm wichtig, relativ zu Beginn auch einen aktuellen Status zu spiegeln und Auffälligkeiten zu signalisieren.

In diesem Part sollten die Zahlen als Team-Ergebnis dargestellt werden und noch nicht zu stark auf Einzelergebnisse eingegangen werden.

Die Vertriebsergebnisse der einzelnen Vertriebscoaches werden im nächsten Tagesordnungspunkt behandelt.

e. Bericht der Vertriebscoaches aus den jeweiligen Regionen

In diesem Agenda-Punkt geht es darum, die Vertriebscoaches aus ihren jeweiligen Regionen einen kurzen Statusbericht vortragen zu lassen.

Ich empfehle dabei dringend, den Ablauf und Aufbau der Präsentation sowie die maximale Redezeit vorzugeben.
Im Wesentlichen sollte der Vertriebscoach berichten, welche Maßnahmen erfolgreich waren bzw. bei schlechten Ergebnissen, welche Maßnahmen er konkret umzusetzen denkt.

Zum Einen stellt dieser Part einen regen Success Transfer sicher und zum Anderen wird einem passiven „Tagungs-Absitzen" vorgebeugt.

Zu guter Letzt habe ich als Vorgesetzter immer ein Bild davon, wie gut meine Mitarbeiter präsentieren können.

f. Wichtige Informationen aus der Zentrale

Wenn schon alle Kollegen im Haus sind, sollten hier regelmäßig Berichte aus den wichtigsten Abteilungen erfolgen.

Auch Produktvorstellungen, Gastreferenten oder auch vertiefende Schulungen finden hier Platz.

g. Ausarbeitung Vorgehensweise zu aktuellen Themen

Ich habe immer sehr gute Erfahrungen damit gemacht, die konkrete Umsetzung aktueller Themen, die für den Vertrieb relevant waren, auch von den Mitarbeitern ausarbeiten zu lassen.

Wenn es zeitlich in den Tagesablauf passt, warum dann nicht auch auf den monatlichen Meetings einbauen?

h. Sonstiges

Ein Tagesordnungspunkt, in dem alle Kleinigkeiten untergebracht werden können, für die es sich nicht lohnt einen eigenständigen Programmpunkt aufzusetzen, darf natürlich auf keiner Agenda fehlen.

i. Verabschiedung mit klarer Aufforderung zum Handeln und Motivation

Mir war es persönlich immer wichtig, bei solchen Treffen das „letzte Wort" zu haben, um den positiven Ausklang sicherzustellen.

Eine Zusammenfassung, aber auch eine kleine, motivierende Verabschiedung durch den Chef ist für mich ein bedeutendes Highlight jeder Tagung.

3. Rollenspiele

Wie kann ich als Führungskraft mit meinen Coaches neue Verkaufsansätze trainieren?

Wie kann ich die Fähigkeiten meiner Mitarbeiter live erleben und beurteilen, wenn ich diese nicht in der Praxis begleiten kann?

Die Antwort ist: Durch Rollenspiele!

Von den meisten Menschen gehasst, aber dennoch unverzichtbar, wenn Sie ein effektives Training veranstalten wollen.

In einem Kooperationsvertrieb von doppelter Wichtigkeit, da ein Vertriebscoach nicht in Stress geraten darf, wenn er z.B. bei einem Kundengespräch beobachtet und beurteilt wird.

Das ist sein tägliches Brot beim Vormachen und Coachen der Kooperationspartner.

Jeder gute Vertriebscoach sollte nicht nur mit der Situation eines Rollenspieles gut klar kommen, sondern muss auch in der Lage sein, selbst Rollenspiele durchführen zu können.

Ich persönlich habe z.B. immer im Rahmen des Begrüßungsgespräches mit einem neuen Mitarbeiter direkt ein Rollenspiel in Form eines Verkaufsgespräches eingebaut und dokumentiert.
In der weiteren Einarbeitung durchlief der neue Mitarbeiter eine ganze Reihe von Schulungen und Trainings.

Schließlich habe ich mir immer zum Ende der Einarbeitung – bei unserem Abschlussgespräch – das gleiche Verkaufsgespräch von diesem Mitarbeiter zeigen lassen.

Dadurch war immer zu erkennen, ob und wie der Mitarbeiter unsere Trainings angenommen hat und ich war auf dem aktuellen Stand seiner Fähigkeiten.

Außerdem habe ich durch Rollenspiele ebenso die Möglichkeit eine ganz Gruppe zu erreichen und nicht nur eine Person, wie beim 1:1 Training.

So habe ich z.B. bei der Einführung eines neuen Produktes immer im Anschluss an die Produktpräsentation Rollenspiele von der gesamten Mannschaft durchführen lassen.

Dies gibt den Vertriebscoaches Sicherheit und zwingt jeden direkt in die Praxis zu gehen.

Von Vorteil ist dabei, dass...

- Jeder Vertriebscoach den Verkauf trainieren kann, bevor er in die Praxis geht.

- Durch die Feedbacks und das gegenseitige Beobachten ein hocheffektiver Erfahrungsaustausch durchgeführt wird und jeder von dem Anderen lernen kann.

- Auftretende Schwierigkeiten schon im Vorfeld trainiert werden können und dadurch in der späteren Praxis beim Kooperationspartner souveräner agiert werden kann.

Mein Tipp: An einem geplanten Rollenspiel immer festhalten. Es ist ein absolutes Phänomen, wie Mitarbeiter es immer wieder schaffen mit sehr viel Kreativität vorangehende Tagungsordnungspunkte in die Länge zu ziehen, um den Programmpunkt „Rollenspiele" zu verkürzen.

4. Der Wochenplan

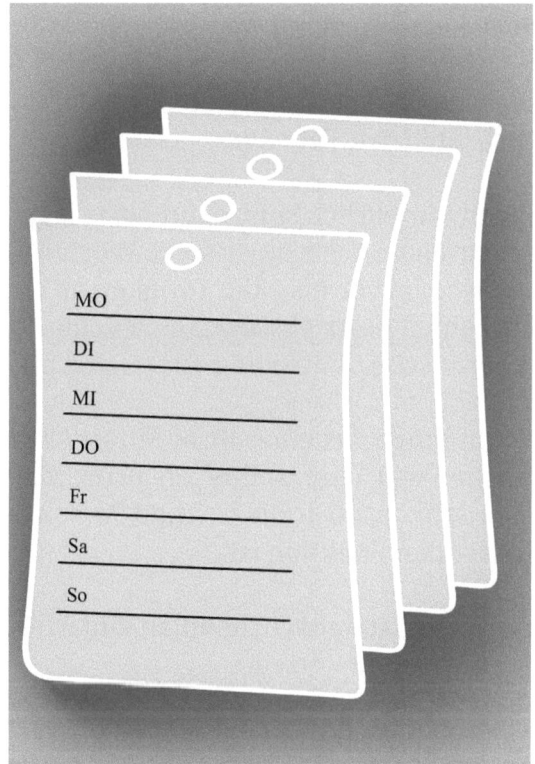

Ein alter Bekannter aus klassischen Vertriebszeiten – jedoch immer noch aktuell.

Es gilt nicht umsonst: **„Planung ist der erste Schritt zum Erfolg."**

Lassen Sie Ihre Vertriebscoaches immer eine Planung für die Folgewoche erstellen.

Es ist extrem uneffektiv, wenn ein Vertriebler mit einem Montag in die Woche startet und noch keine Termine hat.

Dies hat Gültigkeit für jede Form der vertrieblichen Tätigkeit.

Wenn wir ehrlich sind, dann plant jeder erfolgreiche Vertriebler seine Woche(n) sowieso im voraus – die Tätigkeit an sich stellt für keinen Vertriebscoach eine völlig absurde, theoretische Controlling Tätigkeit dar.

Wenn Ihnen das einer Ihrer Mitarbeiter weiß machen will, dann sollten Sie prinzipiell überdenken, ob er die richtige Person auf der passenden Funktion ist.

Für mich hat der Wochenplan einfach grundlegende Vorteile:

- Als Führungskraft kann ich quasi auf Knopfdruck sehen und belegen, wo meine Mitarbeiter tätig sind.

Das ist zum Einen für mich ein wichtiges Wissen, zum Anderen aber auch für Gespräche mit dem Kooperationspartner ein nützlicher Nachweis über meine durchgeführte und gelebte Betreuung.

- Mein Mitarbeiter ist „gezwungen", sich immer mit der folgenden Woche auseinanderzusetzen und sie zu planen.

  Das ist ein wirksames Mittel um eine Regelmäßigkeit in seine Terminplanung und vor allem Terminhäufigkeit zu implementieren.

  Und jedes Führungsinstrument, welches mir im Vertrieb zu mehr Terminen meiner Außendienstmitarbeiter verhilft ist ein gutes Führungsinstrument. Punkt.

- Zu guter Letzt ist eine statistische Auswertung der Tätigkeit meiner Mitarbeiter ein geniales Werkzeug, um Best Practice durchzuführen.

  Vergleichen Sie dafür regelmäßig die Wochenpläne der „guten" Mitarbeiter mit denen der „schlechten" und erkennen Sie so Unterschiede, aber auch Gesetzmäßigkeiten.

Seien Sie sich aber bitte immer bewusst, dass ein Wochenplan nur funktioniert, wenn er gelebt wird.

Das bedeutet auch für Sie als Führungskraft: Verlangen Sie nur einen Wochenplan von Ihren Mitarbeitern, wenn Sie diesen dann auch tatsächlich anschauen und den Mitarbeitern das auch zeigen.

Regelmäßiges Feedback ist genauso wichtig, wie echtes Interesse an absolvierten Terminen.

Sehr frustrierend ist für beide Seiten, wenn Sie etwas einfordern, was Sie eigentlich gar nicht interessiert, oder noch schlimmer, Sie dieses Instrument vielleicht sogar als Schikane einsetzen.

5. Controlling

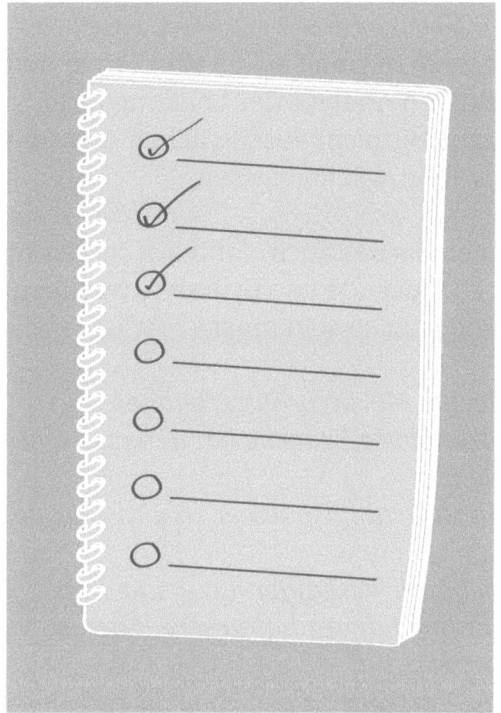

Controlling ist doch eine Selbstverständlichkeit im Vertrieb?

Ist es das tatsächlich?

Ich gehe jetzt einfach mal davon aus, dass es auch in Ihrem Unternehmen eine Statistik über Abschlüsse und Verkäufe, also über die Produktion der einzelnen Vertriebseinheiten gibt.

Das stellt die Grundlage eines effektiven Controllings dar – aber mehr nicht.

Trotzdem dürfen Sie den Wert einer solchen objektiven Analyse der Leistung Ihrer Mitarbeiter nicht abschwächen – und vor allem nicht abschwächen lassen.

Kennen Sie das auch? Sind die Zahlen schlecht, gibt es tausende von Gründen, warum das gerade jetzt so sein muss.

Schlechte Marktvoraussetzungen...
Die komplette Branche hat genauso schlechte Zahlen...
Der Kooperationspartner strukturiert gerade um...
Mein bester Verkäufer hat gekündigt...
Unser Innendienst hat unsere Partner verärgert...
Meine Verträge sind noch nicht eingebucht...
usw.

Natürlich gibt es Situationen, die direkten Einfluss auf das Ergebnis haben. Das stelle ich nicht in Frage.

Jedoch sollten Sie 2 Dinge nie in Frage stellen:

1.) Ihr Vertriebscoach hat die Verantwortung für seinen Vertriebsbereich – und sonst niemand.

2.) Zahlen lügen nicht. (Von wirklich ganz seltenen Ausnahmen abgesehen, die dann aber auch vom Vertriebscoach nachgewiesen werden müssen – das ist nicht Ihr Job)

Ihr Vertriebscoach kann Ihnen jetzt lang und breit erklären, warum die Zahlen schlecht sind, das kann vorteilhaft für die spätere Lösung des Problems sein, es darf aber nicht über die Tatsache hinwegtäuschen, dass die Zahlen schlecht sind.

Vertriebler haben oft die Gabe, eine schlechte Leistung so zu verkaufen, dass wir geneigt sind, das Ergebnis zu verstehen und ihm Recht zu geben.

Zeigen Sie Verständnis, wenn es berechtigt ist, aber beharren Sie auf einer Lösungsstrategie, mit der das Ergebnis positiv gedreht wird.

Achten Sie darauf, dass Ihr Vertriebscoach seine Verantwortung für die Zielerreichung nicht abgibt.

Helfen Sie durchaus beim Erarbeiten einer Lösungsstrategie, aber geben Sie keine Lösung vor.

Sehen Sie das Controlling immer auch als eine Chance zum Loben.

Sind die Zahlen gut, haben Sie einen Grund den Mitarbeiter positiv hervor zu heben. Sind die Zahlen schlecht, lassen Sie sich den Lösungsplan zeigen und loben Sie die Initiative.

Fangen Sie aber nie eine Diskussion über die Richtigkeit des Controllings an. Solange der Mitarbeiter keinen Gegenbeweis bringt (glauben Sie mir, in all den Jahren kam ein falsches Controlling wirklich ganz, ganz selten vor), messen Sie ihn auch nur an den vorliegenden Auswertungen.

6. Einarbeitung

Auf den ersten Blick ist die Einarbeitung neuer Mitarbeiter natürlich kein Führungsinstrument und ist auch in meiner Übersicht nicht enthalten.

Trotzdem ist gerade die Einarbeitungsphase von entscheidender Bedeutung für den späteren Erfolg eines neuen Mitarbeiters und eine enorm wichtige Führungsaufgabe.

Achten Sie tatsächlich peinlich genau darauf, dass in den Einarbeitungstagen nichts dem Zufall überlassen wird.

Erstellen Sie konkrete Einarbeitungspläne, informieren Sie den neuen Mitarbeiter und alle Beteiligten rechtzeitig.

Stellen Sie von Anfang an klar, wie wichtig Ihnen die einzelnen Einarbeitungspunkte sind und holen Sie auf jeden Fall Feedback ein.

Auch wenn Sie vielleicht schon Hunderte Mitarbeiter eingestellt haben – für diesen einen neuen Mitarbeiter ist es der erste Start bei Ihnen.

Unterschätzen Sie nicht die positive Wirkung eines wertschätzenden Umgangs. Zeigen Sie dem neuen Mitarbeiter, dass Sie sich freuen, ihn an Bord zu haben und helfen Sie ihm, sich

in Ihrem Wertesystem zurecht zu finden, indem Sie ihm klare Erwartungen kommunizieren.
Zeigen Sie ihm, wie ernst Sie seine Einarbeitung nehmen und planen Sie unbedingt genügend Zeit für ein Willkommensgespräch ein.

Ich habe mir in den Erstgesprächen immer einen Eindruck seiner Fähigkeiten eingeholt – z.B. mit einem Verkaufsrollenspiel. Gehen Sie da ruhig auch mal mehr in die Tiefe.

Sind Sie selbst auf der Produktebene nicht mehr so fit, dann holen Sie sich einen erfahrenen Coach-Kollegen dazu, der das Rollenspiel durchführt.

Das gleiche Rollenspiel habe ich dann immer noch einmal am Ende seiner Einarbeitung durchgeführt.
So sind Sie in der Lage, mit zwei Gesprächen – einmal zu Beginn und einmal am Ende der Einarbeitung – seine Entwicklung zu erkennen.

Lassen Sie Ihre vorhandenen Coaches Aufgaben übernehmen für die Einarbeitung des neuen Kollegen. Er sollte mindestens zwei, drei Kollegen in der Praxis begleiten und über die Schulter schauen.

Vergeben Sie den einarbeitenden Kollegen dann bitte aber auch konkrete Aufgaben. Teilen Sie die Praxis-Themen auf und lassen Sie sich Feedback geben.

Bedenken Sie immer: Alles was Sie in der Einarbeitung versäumen, wird sich später rächen und mehr Arbeit und Aufwand verursachen, als ein guter Einarbeitungsplan.

Noch auf ein Wort

Auf den vorangegangenen Seiten haben Sie einen Einblick erhalten, wie meine konkrete Vorgehensweise aussieht.

Ich wollte weder eine wissenschaftliche Ausarbeitung, noch eine theoretische Abhandlung über vertriebliche Vorgehensweisen erstellen.

Vielmehr habe ich mir beim Schreiben überlegt, warum die von mir betreuten und geleiteten Vertriebe so erfolgreich waren und genau das wollte ich festhalten.

Vieles erscheint vielleicht einfach und selbstverständlich, wenn man es liest – aber seien Sie ehrlich zu sich selbst und fragen Sie sich, wie konsequent Sie die Dinge auch umsetzen.

Je einfacher, desto besser!

Sie benötigen keine komplizierten und ausgeklügelten Führungsinstrumente – aber machen Sie das was Sie umsetzen wollen mit ganzem Herzen.

Glauben Sie mir: Es gibt Sie, die einfachen Vorgehensweisen, die auch funktionieren.

Es gibt aber keinen einfachen Erfolg, das kann ich Ihnen versichern. Erfolg müssen Sie sich erarbeiten – egal ob als Coach oder als Führungskraft.

Konnten Sie ein paar Anregungen mitnehmen?
Konnte ich Sie für die eine oder andere
Vorgehensweise begeistern?

Ja? Dann habe ich das Ziel dieses Buches erreicht.

Ich wünsche Ihnen viel Erfolg bei unserer spannenden
Tätigkeit und gewinnen Sie noch viele Herzen.

NOTIZEN